文繡瀚錦

王恩文◎著

跟任何人都能说得来

魔 鬼 搭 话 教 学 典 籍

在生活、工作中，我们每个人都一直不断地在跟各种各样的人交流、谈话，要不然就没办法在社会上生存。不管在日常生活中，还是职场里，只要我们想不被适者生存的潜规则淘汰，就一定要学会如何与别人交流。

天津出版传媒集团
天津人民出版社

图书在版编目（CIP）数据

跟任何人都能说得来 / 王恩文著．--天津：天津人民出版社，2018.7

ISBN 978-7-201-13870-1

Ⅰ．①跟… Ⅱ．①王… Ⅲ．①心理交往－语言艺术－通俗读物 Ⅳ．① C912.11-49

中国版本图书馆 CIP 数据核字（2018）第 161708 号

跟任何人都能说得来

GEN RENHEREN DOUNENG SHUODELAI

出　　版　天津人民出版社
出 版 人　黄　沛
地　　址　天津市和平区西康路35号康岳大厦
邮　　编　300051
邮购电话　（022）23332469
网　　址　http://www. tjrmcbs. com
电子信箱　tjrmcbs@126.com

责任编辑　刘子伯
装帧设计　孙希前

印　　刷　香河县宏润印刷有限公司
经　　销　新华书店
开　　本　710×1000毫米　1/16
印　　张　15
字　　数　130千字
版次印次　2018年7月第1版　2018年7月第1次印刷
定　　价　39. 80元

前言

在现今社会研究最多的一个问题就是为人处世。而为人处事最重要的就是说话。在生活、工作中,我们每个人都一直不断地在与各种各样的人交流、谈话,要不然就没办法在社会上生存。不管在日常生活中,还是职场中,只要我们想不被适者生存的规则淘汰,就一定要学会如何与别人交流。

很多人喜欢用自己的眼光去看待一切问题,认为在社会上生存很简单,殊不知社会的残酷性,从而导致处处碰壁。导致这种情况的原因,归根到底是说话做事不合理。

因此,要想保护自己,发展自己。你就要懂得谈话做事的"心机"。同时,为人处世要有成,就必须求稳,绝不可做超能力之外和没有把握的事,即不能盲目死拼、死磕,否则到头来你只能碰得头破血流,输得体无完肤。这是为人处世最大的忌讳,属笨拙手段。反之,你凭自己的眼力、心力,能够准确地算准自己行动的路数，在能力范围之内进退、转换、取势，就能加大成功的系数，正如美国著名成功学家特鲁西所说："最聪明的人，总能以最好的手段做出最大的事情。"

说话之道，是现今社会一个很庞大的课题，也是每个初入社会年轻人终生必修的课程，在当今市场经济交往频繁、人际关系十分复杂的社会里，更应该用心练达，才能更好地扬帆远航。

真正懂得说话之道的人是大智慧与大容忍的结合体，有斯巴达勇士的武力，有诸葛亮沉静蕴慧的平和。真正懂得为人处世的人能承受大喜悦与大悲哀的突然发难。真正懂得处世的人行动干练迅捷，不为感情所左右；退避时，能审时度势，全身而退，而且能抓住最佳时机东山再起；真正懂得处世的人没有失败，只有沉默，是面对挫折与逆境的积蓄力量的沉默。

现代年轻人的社交活动越来越频繁，一个年轻人拥有了刚毅的品格、不屈的精神、良好的交际再加上内在的品格力量，便拥有了打开社交之门的金钥匙，良好的处世能力更有助于年轻人取得生活上和事业上的成功。

本书将从与人言谈、言谈举止、人际礼仪、方圆处事等多个方面让你描述如何才能和任何人谈得来，为你的社会之路铺上通向远方的红地毯。

目录

第三章 摆正心态,顺利交谈的保证

第四章 讲“礼”,让你惊艳全场

第五章　要会说话、说好话

第六章　智言妙语，游刃职场

第七章　八面玲珑人际场上得人心

第八章　内方外圆,言语变通

第一章

卓越口才，卓越人生

良好的口才对于一个人将来的发展非常重要。正如古人言："一言可以兴邦"，"三寸之舌，强于百万之师"，可见好口才的重要性。

言谈直接影响人生

人们活着，不是仅仅为了活着，而是为了做成一些事情，实现为自己、为他人、为社会而设定的某些理想和目标。而抵达这一理想境界的通行证就是语言，就是高超的说话水平。

中国有句古语“与君一席话，胜读十年书”，这句话的意思是说，跟那些说话水平高的人交谈，可以帮助你增长知识和修养，激发你的创造潜力，并能增进你与朋友之间的感情。但凡善于交际和表达的人，必是具有敏锐观察力、能深刻认识事物的人，只有这样，他说出来的话才能既生动又准确地反映事物的本质。此外，他还必须具备严密的思维能力、丰富的词汇、渊博的知识等。有鉴于此，有人说：说话水平是学识的标尺。

事业的成功和失败，往往决定于某一次谈话，这话绝不是危言耸听。在富兰克林的自传中，有这样一段话：“我在约束我自己的时候，曾有一张美德检查表的实行，当初那表上只列着 12 种美德。后来，有一个朋友告诉我，说我有些骄傲，这种骄傲，常在谈话中表现出来，使人觉得盛气凌人。于是我立刻注意这位友人给我的忠告，我相信这样足以影响我的前途，然后我在表上特别列上虚心一项，我决心竭力避免一切直接触犯别人感情的话，甚至禁止自己使用一切确定的词句，像‘当然、一定、不消说……’而以‘也许、我想、仿佛……’来代替。”富兰克林又说：“说话和事业的进步有很大的关系，如你出言不慎，如你跟别人争辩，那么，你将不可能获得别人的同情、别人的合作、别人的帮助。”

有些谈话是比较严肃的。谈话的目的，不只是一种社交上的需要，也不只是互相认识一下和互相了解一下。例如你找一位朋友，请他参加一个团体；或是为研究社会福利问题，工作者出去调查一个家庭；或者一位医生，为解决一个医疗问题向患者咨询；或是买卖双方的谈判，这一类的谈话，究竟和生活中一般性质的谈话有什么不同呢？这类谈话，每次都有一个特殊的目的。

工作时间或应征工作的晤谈所需要的是你爽朗和冷静的一面。应征工作的晤谈，最重要的是表现自己的资格和能力，工作晤谈不是社交拜会，不宜摆出一副安逸的姿态。谈话的范围要有一定的界限，不要谈办公室的陈设，不要谈对方的一身装束。应征晤谈时间有一定的限制，你必须把你的资格和能力，浓缩在一个很短的时间内交待清楚，这是你所受训练、教育及能力的最佳证明。陈述你的能力而不流于自夸，得失留给对方去评判。这样，即使你的见解不和他的相符，成功的希望仍不会失掉。自夸必然连带着固执，这种态度只会使人厌恶。去访问一个人，把目的简单地说出之后，你就应该告辞了，即使环境允许逗留一些时间，也应该立刻把话题转到别处。

在工作上，要心情愉快，不要摆一副冷面孔，尽量减少情绪上的困扰及不切实际的理想，谈谈工作上所需要的知识，谈谈工作上的经验，要诚心诚意的，不存任何的成见。在一块儿工作的人，必须彼此敬重、礼貌、关心，互道安好，语气温和。我们要彼此坦诚相待，心中有话，直言不讳。我们在团结精神的表现上尤应高昂。当某人略显慌乱或口吃时，其他的人即要开口为他解围，适时掩饰他的辞穷。

失言是常有的事。你应该立即承认自己犯了错误。你只要认错就不致使情况恶化，而且你很可能还有所收获。现在有勇气说“我错了”的人已经不多，因此，敢说“我错了”就能赢得别人的敬重。这种无心的错误，还可以让人理解。但有一种错误，几乎不能让人原谅，就是公开取笑别人的缺点。

如你出言不慎，如你无理跟别人争吵，那么，你将不可能获得别人的同情、合作和帮助。无数事实证明，说话的水平是事业成功的重要因素，口语表达能力直接关系到事业的成败。

1983 年元旦，英国女王向多年给首相撒切尔夫人担任顾问的戈登·里斯授以爵位。其主要功绩是有效地提高了撒切尔夫人的演说能力和应答记者提问的能力；为撒切尔夫人撰写了深得人心的演讲稿……一句话，他为英国塑造了一位风姿绰约、雍容而不过度华贵、谈吐优雅和待人亲切自然的女首相形象。

在西方国家里，当前无不把说话水平作为衡量优秀人才的重要尺度，每个公司、企业招聘各类人才，都要进行口试。在日本，一些大公司在面试招聘人才时，专门就说话能力规定了若干不予录用的条文。其中有：

应聘者声若蚊子者，不予录用；

说话没有抑扬顿挫者，不予录用；

交谈时，不得要领者，不予录用；

交谈时，不能干脆利落地回答问题者，不予录用；

说话无生气者，不予录用；

说话颠三倒四、不知所云者，不予录用。

人生箴言

知识就是财富，口才就是资本。能说会道，你的才干就可以通过言语充分地显露出来，你的良好形象自然就通过口才具体地展现出来了。

用言谈抓住有限的机会

现代社会竞争激烈，社会对人才越来越重视，同时，现代人不再是坐待“伯乐”的谦谦君子，“毛遂自荐”不再受到世人非议。为了使自己的才智和潜能得到最佳的发挥，人们往往需要自我推荐。招标的答辩、招聘的面试、求职的自荐，都需要运用恰当的言辞充分地展现自我而求得认同。

大学生张某去面见一位企业家，试图通过面谈，向这位总经理推销自己——到该企业任职。由于这位经理见多识广，根本没把这个乳臭未干的小伙子放在眼里。没搭上几句话，总经理便以不容商量的口吻说：“我们这里没有适合你做的工作。”这位机灵的小伙子若无其事地说：“总经理的意思是，贵公司人才济济，已完全可以使公司得以成功，外人纵有天大本事，似乎也无须加以聘用；再说像我这种涉世不深的大学毕业生能否有成就还是个未知数，与其冒险使用，不如拒之千里之外，是吗？”

他说到这里突然故意中断，用微笑直视总经理。沉默了一会儿，总经理终于开口说：“你能将你的经历、想法和计划告诉我吗？”小伙子又将了他一军：“噢！抱歉，抱歉，刚才我太冒昧了，请多包涵。不过，像我这样的人还值得谈吗？”说完，小伙子又沉默了。

总经理反而急切而坦诚地说：“请不要客气。”

于是，小伙子将自己的经历、学历及对该企业的看法作了较系统的阐述。总经理听后，很快改变了态度。当即对这位大学生说：“你讲得很不错，我决定聘用你了，明天就来公司报到。你的言谈显示了你的潜力，在我这里是会有用武之地的。”

许多应征求职的青年，见了面试主管人员就滔滔不绝地诉说自己的学历、经历，或有些什么才能，等等。然而，十个应征者中会有九个说这些话，面试主管人员对哪一位也不会给予特别的注意。

陈君看到了一段广告，得知一家公司需要有特殊才能和经验的人，于是就去应试。

他在去应试之前，先搜集了该公司总经理的有关资料。见了总经理他就说："我很愿意在这里工作，我觉得能为你做事，是最大的光荣，因为你是一位做大事业并取得成功的人物，我知道你 18 年前创办公司的时候，只有一张桌子，一位职员和一部电话机。你经过努力奋斗，才能有今日这样大的事业，你这种精神令我钦佩，值得我效仿。"

所有成功的人，差不多都乐于回忆当年奋斗的经过，尤其愿意向年轻人讲述某个成功的活动。这位总经理亦不会例外。所有到总经理处应试的人，大都是毛遂自荐自己的能力，但陈君一下就抓住了总经理的心。于是总经理先生就兴致勃勃地讲述他最初创立时，仅有 15000 元的资本，这种小本经营，处处受到别人讥笑。但他毫不气馁，星期日亦照常工作，每天工作 12 小时到 16 小时之久，终于取得了今日的成就。总经理不断地谈论自己的成功小史，陈君始终在旁边洗耳恭听，且偶尔点头以示钦佩。最后总经理向陈君问了一些简单的问题，随后就拍板道："你就是我们所需要的人了。"陈君后来留在总经理的身边，成了他得力的助手。

人生箴言

每个人都梦想成功，可并不是每个人都能成功。怎样才能成功？什么样的人才能成功？纵观那些成功人士的成长故事，我们不难发现，成功的人，一般都会用言语抓住机会，他们不抱怨，而是抓住每一个可能成功的机会

好口才放之四海而皆准

在费城有一位青年，为谋求职业，整天在街上徜徉，为的是想有哪一位阔人能发现他的“存在”。然而，不管他做出怎么引人注目的举动，都没有引起人家的注意。有一天，他灵机一动，突然闯进该城巨富鲍尔·吉勃斯先生的办公室，请求主人牺牲一分钟接见并容许他讲一两句话。吉勃斯看到这位衣衫褴褛的青年，也许是出于怜悯，破例满足了他的要求。起初，吉勃斯只想应付一两句，想不到两人越谈越投机，一直谈了一个小时。结果，这位青年获得了一个满意的职位。这样一个穷途落魄的青年，在以前谋职一无所获的情况下，竟在半天之内获得了如此美满的结果。

选美，很多人以为只要一个年轻女子长相漂亮，天生丽质，便有可能交上好运。其实，有些摩登女郎虽然外貌标致俊俏，服饰更是新奇漂亮，但文化素养很差，语言粗俗浅陋，外表的美貌也因此而丧失了光彩。

曾当选为“最佳亚洲小姐”和“最佳太平洋小姐”的利智，不仅以美丽的仪表和姿态使评判团和广大观众为之倾倒，更以机智灵敏的思维和超凡脱俗的谈吐令人拍案赞叹。

司仪问：“你夺冠后，如果曾与你为敌的人前来献殷勤，你将怎样对待?”

利智说：“我会热情温柔地向他们说声‘多谢’！因为真正的敌人，有时也会成为真正的朋友。他们的嘲讽使我更加努力，才能有夺冠的今天……”

司仪问：“美，多少年不变？短暂的美，是不是美?”

利智答：“美是没有年限的，短暂的美也是美。中国古代的四大美人，她们的生命是短暂的，但她们的美名却流传百世。”

利智的即兴回答恰到好处，不仅让司仪、评委和广大听众，也让与她激烈竞争的对手心悦诚服，报以热烈的掌声。

曾经有一位学富五车的学者，某次去参加一个讨论会，在会上被主人请起来“随便讲几句话”时，却窘迫至极，一言不发，无地自容地走下台来。这使我们想到，有学问的人如果缺乏机智应变的口才，那么说明这个人的知识和能力结构还是存在缺陷的。这种缺陷在我们周围很多人身上都还存在着。

口才能力的提高就是要使人能够接近万物之灵，而远离万物之怪，走向高层次的文明。作为现代文明社会的一分子，非常有必要重视和训练口才。

在西方有位哲人还说过：“世间有一种成就可以使人很快完成伟业并获得世人的认识，那就是讲话令人喜悦的能力。”人才或许不是演说家，但有口才的人必定是人才。口才是现代智能型人才的基本素质，思维敏捷、能言善辩是事业成功的保证。

王光英早年到香港创办光大实业公司，一下飞机，一位女记者就迎了上来，以藐视的口吻，突然发问：“王先生，请问您带了多少钱来？”王光英先是一惊，少顷，随机应变地回答：“对女士不能问岁数，对男士不能问钱数。小姐，这是公认的吧，你说对吗？”在场的记者哈哈大笑。王光英机智的言辞不仅使自己摆脱了窘况，而且给人留下了美好的印象，等于给他即将创办的公司做了一次不费分文而效果特佳的广告。

对教师来说，要在课堂上讲好课，更离不开口才。要把书本上的知识和自己头脑里的创造性思想，通过自己的嘴去传授给学生，口才起着关键性的作用。可以说，口才的好坏是衡量一个教师是否称职的重要标志之一。

有些人以为自己将来并不想当教师。更不想当企业家、外交家，口才的学问可有可无。殊不知，科学技术的突飞猛进，对人们口语表达的要求日益提高。如自动化的显著标志之一，就是人们用口语指挥机器。现代化的车站、码头、飞机场，甚至开汽车、飞机都可以通过人机对话进行指挥和管理。人和机器对话，虽然不要求人有纵论天下的雄辩口才，但口才的一些基本原则还是要熟练掌握的，起码你说的话要标准，合乎逻辑。否则，机器就不会按你的意愿去办事。

人生箴言

一个善于说话的人，首先必须具有敏锐的观察力，能深刻地认识事物，只有这样，说出话来才能一针见血，准确地反映事物的本质；其次，还必须有严谨的思维能力，懂得怎样分析、判断和推理，说出话来才能滴水不漏、有条有理；最后，还必须有流畅的表达能力，词汇丰富、知识渊博，话才能说得生动通顺。

好口才助你实现梦想

在社会这个大舞台上，一个人的口才直接影响到生存状况，好好地把握每一次表演的机会，你的人生将无比亮丽。

岗索勒斯博士读大学的时候，发现芝加哥的教育体制有很多弊端，他相信：如果他是一校之长，一定可以校正时弊。

于是，他下定决心，要自己办学校实现理想，不受传统教育方式的局限。要将计划付诸实施，他需要 100 万美元。他从哪里着手才能得到这 100 万美元呢？这是他最为关心的问题。

每天晚上，他都带着这样的念头睡觉，早晨又怀着这个念头起床。无论走到哪里都把这个念头放在心上。翻来覆去，直到这个想法变成心中挥之不去的渴望和目标。

大部分人会说："我的主意不错，但光有一个念头，也成不了什么气候。反正我永远得不到那 100 万美元。"但岗索勒斯博士不这样认为。他后来说，在一个周六的下午他把自己关在房间里使劲儿地想，有什么办法可以筹到钱来施行计划。他已有两年左右的时间一直都在想，但他除了想之外，什么也没有做。

行动的时刻已经来到！

他拿定主意，要在一周之内，弄到那 100 万美元。怎么弄到他不去多想，重要的是决定一周之内把钱凑齐。一种很奇怪的自信感席卷而来，这种感觉是他以前从未经历过的。为什么不早下这个决心？这笔钱一直在等你！他心里似乎有种声音在这样说。

他马上打电话给报社，宣布说第二天早上要讲一篇题为"如果我有 100

万美元，我要做什么”的演讲。

他马上着手准备演讲，坦白地说，准备工作并不难，因为实际上他已经为此准备了两年时间。还没到午夜，他已经写完这篇演讲稿，带着信心上床睡觉了。这时，他仿佛看见自己已经拥有了100万美元。

第二天一大早，他到浴室去朗诵那篇演讲稿，然后跑下楼来，祈祷那篇演讲稿能吸引一些人捐助他需要的金钱。在祈祷的时候，他再一次有了自信，相信那笔钱会现身出来。兴奋之下，他没有带讲稿就出了家门。一直到走上讲坛，准备好要开始演说了，才发现自己忘了带稿子。

回家去拿已不可能，他的潜意识为他提供了演讲所需的材料。开始讲的时候，他闭上眼睛，全心全意发自内心地去讲。他说出了心里话，如果他有100万美元，他要做些什么，并描述了心中的蓝图，说要筹建一所大型的教育机构，年轻人可以在其中学到实际的事务，同时发展自己的心智。

讲完以后，他坐了下来。有一位男士缓缓从前面第三排位置上站起来，往讲坛上走去，伸出手对他说：“尊敬的先生，我喜欢你的演讲，相信你要是真有了100万美元，一定可以做到你说的每一件事情。为了向你证明我相信你的话和我对你演讲内容的信心，请你明天早上到我的办公室来，我会给你100万美元。”

就这样，年轻的演讲者拿到了100万美元。他用这笔钱成立了亚默理工学院，也就是如今的伊利诺理工学院。

人生箴言

家有良田万顷或许也会被洪水淹没，深藏万贯金银不善理财也会挥霍耗尽，唯有好口才是任何时候都不会离你而去的，并且还会助你实现梦想。

三寸之舌，强于百万之师

“一人之辩，重于九鼎之宝；三寸之舌，强于百万之师。”这句名言，充分体现了说话在谈判中发挥的重要作用。

在中国漫长的历史进程中，涌现了诸如孔子、孟子、苏秦、张仪等一大批凭“三寸之舌”而能“一言兴邦，一言衰邦”的杰出游说家。在西方国家，口才更受到重视，不仅在日常生活中离不开口才，在政治生活中更离不开口才。

在现代社会中，人与人之间的交往空前频繁，每时每刻都需要口才。工作中的交谈，政治舞台上的辩论，学术园地里的争鸣，外交活动的斡旋，经济领域的谈判，哪一样离得开口才呢？

为什么同样的话有人说话好听，而有人说话难听；为什么有的人说话干净利索，而有的人说话啰唆而不得要领；为什么有的人说话柔和好听，而有的人说话生硬呢？说话是有技巧的，在日常工作生活中掌握了说话技巧，也就等于找到了成功的钥匙。

口才还要求具有严密的逻辑思维、丰富的词汇和渊博的知识，具有自信心，对人诚恳等，这样，说出的话才有分量，才能产生强于百万之师的威力。

古代形容某人能说会道，常用“三寸不烂之舌”这个词语。《史记》记载了这么一个故事：

刘邦做了皇帝，封张良为留侯，可是张良却想出家当道士去。他说：“我家本在韩国，祖上世代都是韩国的大臣，强暴的秦国灭亡了我们韩国，我为了报国仇，宁愿牺牲了万金家产参加反秦战争，现在，终于见到了胜利。凭我的‘三寸舌’，今天得到了这样高的荣誉和地位，实在是足够的了。”

还有一个孩童凭借三寸之舌说服盛气凌人的西楚霸王项羽，从而解救了全城百姓的故事。

西楚霸王项羽脾气暴躁，每攻占一城必将全城百姓屠杀干净。魏相彭越联汉抗楚，连夺楚国十七城，恼得项羽亲率大军围攻彭越占据的外黄城。彭越难支，半夜逃走，有人开门投降。项羽入城后，首先下了一道命令，将城里 15 岁以上男子集结在城东，准备全部活埋。号令一出，全城哭天号地，哭声中一小儿竟去楚营求见项羽。

项羽听说小儿求见，倒也惊异，问他：“看你小小年纪，也敢来见我吗?”

小儿说：“大王是人民的父母，小臣就是大王的赤子，儿子见父母，有什么不敢呢?”

项羽本来爱听夸奖，儿童开口就能感动人，项羽喜欢得不得了，忙问他有什么意见。小儿从从容容，不慌不忙地说：“外黄百姓，久仰大王恩德，只因彭越突然攻来，无奈暂时投降，但仍然整天盼望大王来救。今天大王驾临，赶走了彭越，百姓非常感激。但大王宫中有一种谣言，说要把十五岁以上男子全都活埋了。我认为大王德同尧舜，威过汤武，不会这样做的。况且屠杀后对大王有害无益。所以请大王颁布明令，稳定人心。”

项羽听了，觉得入情入理，但又威胁道：“如果我坑死人民，即便无益，也不见得有害。你要能说出有害的理由，我就下令安民；要说不出，连你也要活埋。”

儿童听到威吓，并不慌张，反而严肃地说：“彭越听说大王来攻，怕百姓做内应才紧闭城门，他见人心不向他，才夜里逃走。如果百姓甘心助战，同心坚守，大王恐怕至少十天半月才能入城，今天彭越一走，百姓立即开城迎驾，可见人民拥戴大王。如果大王不恤民情，反要坑死壮丁，外黄以东还有十几城，听说了谁还敢迎降，降也死，不降也死，抗拒倒还有一线希望。

到那时，彭越必向汉求援兵来攻，大王就算是处处打胜，也得把心力费尽。照此看来，这就叫做有害无益。”

项羽反复权衡利弊后，终于答应了儿童的要求。

一个小孩竟凭三寸不烂之舌，说服了杀人不眨眼的西楚霸王，挽救了外黄城千万人的生命，我们不能不佩服这个小孩的胆量，但我们更佩服的是他合情合理的分析和“三寸之舌，强于百万之师”的口才。

人生箴言

人与人之间的相处，人与人之间的信息交流，首先是通过交谈开始的。离开了语言，整个世界将变得黑暗，人与人之间的沟通便失去了有力的桥梁。

能言善辩是本事

人在最危险的时候，怎样抓住问题的关键，一语击中要害，从而驱祸得福，其中的奥秘就在于能言善辩。

汉代的萧何，有一次向汉高祖刘邦请求将上林苑中的大片空地让给百姓耕种。上林苑是一处供皇帝游玩、打猎、消遣的园林，刘邦一听萧丞相居然要缩减自己的园林，不禁勃然大怒，认为萧何一定是收受了老百姓的贿赂，才这样为他们说话办事的。于是下令将萧何逮捕入狱，审查治罪。当时的汉宫廷尉为讨好皇帝，只要皇帝认定某人有罪，廷尉就不惜用大刑使犯人服罪。就在这紧要关头，旁边的一位姓王的侍卫上前劝告刘邦说：“陛下还记得原来与项羽抗争以及后来铲除叛军的时候吗？那几年，皇上亲自带兵在外讨伐，只有丞相一个人驻守关中，关中的百姓非常拥戴丞相。假如丞相稍有利己之心，那么关中之地就不是陛下的了。萧丞相不在那个时候谋大利，难道会在这个时候去贪占百姓和商人的一点小利吗?”

区区几句话，句句击中要害。刘邦深有感触，终于认识到自己的鲁莽，对不起丞相的一片诚心，感到非常惭愧，于是当天便下令赦免萧何。

汉代的另一位开国元勋周勃，曾经帮助汉室铲除吕后爪牙，迎立汉文帝，有定国安邦的大功。可后来当他罢相回到自己的封地后，一些素来忌恨周勃的虚伪小人便趁机向汉文帝诬告周勃图谋造反。汉文帝竟然也相信起来，急忙下令廷尉将周勃逮捕入狱，追查治罪。按汉代的法律，凡是图谋造反者，不但本人要处死，而且要灭家诛族。就在周勃大祸临头的时候，薄太后出来劝文帝说：“当皇上还没有即位的时候，周勃手里拿着先帝留给你的皇帝玉玺，又手握重兵，是谋反的最佳时机，但是他一心忠于汉室，帮助汉室消灭了企图篡权的吕氏权力，把玉玺交给了陛下。现在罢相回到自己小小的庄园里居住，怎么反而在这个时候才想起谋反呢?”

文帝一听恍然大悟，心中的疑虑顿时烟消云散，立即下令赦免了周勃。

萧何、周勃大难临头的时候，有人出头为他们辩白，用恰当的语言讲明事实真相，分析得合情合理，从而免去了二人的大难，这都是说辩中言语的巨大威力所致。

人有时会受到别人的侮辱，这时怎么办？应运用自己的智慧，反唇相讥，赢得人格的尊严。有一个关于晏婴出使楚国时不辱使命的故事。

南方的楚国一天比一天强大，为了疏通国与国之间的渠道，改善关系，齐国派遣晏婴出使楚国。

晏婴到达楚国。楚王就传令楚人，尽量羞辱晏婴。前来迎接的礼宾官员见他那么矮小，就命令士兵打开城门旁边的侧门，瞧他进不进。晏婴仪表堂堂地站在正门前，一声不响。

嘻皮笑脸的兵士过来了，晃悠着脑袋指了指小门说：“先生，您请进吧!”晏婴轻蔑地笑了笑，也虚指了一下侧门，反唇相讥道：“这是狗洞！出使狗国的人，才走狗洞!”

礼宾官员无言以对，只好命令兵士把正门敞开。

楚王接见了晏婴，但傲眼朝上，他不屑一顾地问晏婴：“难道齐国没有人了吗?”

晏婴连眼皮也没抬，夸张地赞颂自己的国家道：“我国国都临淄，如果把每个人的袖子都甩开，能盖住太阳！如果每个人挥一把汗，无异于下一场大雨！国都大路上人如潮涌，摩肩接踵，怎能说无人呢?”

楚王也想夸耀一下自己的国家，又苦于没有辞令，困窘了半晌，才接上了晏婴的话茬儿，冷嘲道：“齐国既然人多势众，为什么选择你来出使我国呢?”

晏婴也顺势而下，接着楚王的话音说道：“是的，诚如您所说，齐国派出使者，是经过谨慎选择的。水平高的，出使上等国家；水平低下的，出使下等国家。我晏婴水平低下，不消说，就出使到贵国来了。”

楚王还想反唇相讥，可又觉得自己无理，只好咽下这颗苦果。楚王不甘心，还想伺机侮辱他。过了几天，楚王设宴招待晏婴。酒过数巡，忽见一名犯人被捆绑着双手，押进宴会厅。楚王装出一副惊奇的模样问道：“这被捆的人是何人?”

“是齐国人，犯了盗窃罪!”押解犯人的官吏禀道。

楚王回头看看晏婴说：“哦，原来这盗贼是齐国人！看来，齐国人都是惯于偷东西的吧!”

晏婴随即站起身回答说：“我听说，橘树生在江南，就结出橘子；移到淮北，就长成为枳实，那叶子固然相像，果实的味道却大不相同。这是什么原因呢？就是因为水土的差异，老百姓生长在齐国，从来不会偷东西；到了楚国就会偷盗，这是不是因为楚国的水土使人善于偷盗呢?”楚王听完缄默不语，尴尬不已。

这些故事充分体现了晏婴的聪明才智。对于楚王的污辱，给予了有力还击，维护了自己及国家的尊严，这是人的智慧和口才的威力。

人生箴言

口才，就是这样，你既看不见，也摸不着，然而你却能时刻感觉到它的力量存在。口才的力量是无穷的，它能让你的对手束手无策，它抵得上战场上的千军万马。

怎样提高与人交谈的技巧

社交场上的佼佼者，在言谈中往往闪烁着真知灼见，给人以深邃、精辟、睿智、风流之感。

语言的力量能征服世界上最复杂的东西———人的心灵，妙语连珠、谈吐不凡已成为社交能力强弱的重要标志之一。那么，应该怎样提高与人交谈的技巧呢？

谈话，需要相当的经验，当你面临着各种各样的场合，面对着各色各样的人物，想要做得恰到好处，实在不是一件容易的事。

自然、亲切的礼仪，言辞得体是很重要的。然而，做到这点，也不能说就一定会收到良好的效果。这里向你介绍几种谈话技巧，或许有助于你在社交中取得成功。

1. 打开你的话匣子

从眼前的事物谈起——假如你在车站、码头上与人初识，一时没有话说，这时最方便的办法就是从眼前你与对方同时看到、听到、感到的事物中找出几件来谈。在车站，在码头，耳目所及，也许是巨幅广告，也许是外国游客，等等。

如果你到了一个朋友家里，在客厅里看到一张女孩子的照片，你就可以和她谈谈女孩子的趣事；如果你的朋友买了一件新衣裳，你就可以谈谈衣裳的色彩、款式；如果窗台上摆着一个盆景，你就可以谈谈盆景的栽植和装点……

凡是这一类眼前的事物，最容易引起人们的注意，也最容易发展谈话的内容。

围绕着一个中心——倘若你不想东谈一点西谈一点，而想抓住一个题材把它谈得深入一点，充分一点，那么，你就提出一个题材作为中心，让交谈双方的思想围绕着这个中心尽量地去想与这个题材有关的东西，然后再把这些有关的东西分门别类，整理出一个完整的系统。

这种谈话，能把题材分解出许多细节，而每个细节都可以用来丰富双方的谈话内容。

2. 制造交谈气氛

人都各有各的嗜好，各有各的脾性，有的人喜欢娓娓而谈，有的人喜欢深思，有的人拙于应酬。面对我们交谈的对象，我们应该多关心别人，重视别人的选择，调节自己去迁就一下别人的兴趣与习惯，如果对方有满腹牢骚，应让他尽情地宣泄；失意的，多给予一些安慰与同情；软弱的，多给予一点鼓舞和激励。假如对方对某一个话题有特别的兴趣，就让对方在这方面畅所欲言；假如对方对某一个问题不想多谈，就应及时转换话题把谈话引到另一个方面。

真诚、温暖的微笑，是打开别人心灵的钥匙，也是营造良好交谈气氛的清新剂。如果遇到抑郁的、冰冷的表情，人的心情就会僵硬起来；如果遇见了欢乐的、温暖的笑容，人的心情就柔软了、融化了、活跃了。因此，快乐生动的目光和舒畅悦耳的声调，将使谈话的气氛活跃，心旷神怡。反之，如果我们没有良好的谈话态度，就不可能创造良好的交谈气氛，没有一个良好的交谈气氛，别人就会敬而远之，讨厌你、不愿和你交谈。

3. 语言的表达方式

在交谈中为了使自己的谈话更具表达力和说服力，应注意：

（1）说话要清晰明畅。说话是一门艺术，不但要让人听懂，还要让人听得舒服。说话速度快的人，会使人产生“这个人讲话没经过大脑”的感觉，也许他讲的话并没有错误，却令人不敢太相信。但如果说话太慢或总是有气无力，对方也没兴趣与你交谈。在长辈面前说话，口吻要严肃、谦恭，不宜高谈阔论，旁若无人；跟同辈人说，虽然可以随便一些，但也不宜高傲放肆；同晚辈人说话，切忌以长者自居，用教训人的口吻。讨论问题时，多用商量、探讨的语气，不要让对方感到你盛气凌人，少用结论式的语气。对别人有所求时，要用恳请的语气。说话时，要根据不同的目的和要求，该详则详，该略则略。避免详而不详的简陋，略而不略的啰唆，并注意提高自己说话的逻辑性和条理性。

（2）在交谈时应注意发挥声音的魅力。大多数女性在与人交往时往往只注意穿衣打扮，却很少能留意自己“声音”的魅力。于是常会看到一些容貌姣好、衣着入时的女孩，说起话来，却直叫人们猛摇头；倒是那些相貌普通，但说话抑扬顿挫的女性更能给人留下良好的印象。

（3）富于幽默感。幽默感是一种兴致和机智混和的产物，幽默的人，常常能使客厅中充满欢声笑语。

美国著名心理学家威廉·詹姆斯说：“人性最深切的渴望就是拥有他人的赞赏。”渴望别人赞美是人的一种高级心理需要。社会心理学家认为，受人赞扬，被人尊重，能使人感受到生活的动力和自身的价值。在某种意义上甚至可以说，人去拼搏，去取得成就，目的之一就是为了赢得他人和社会的赞许和重视。如果一个人的长处得到别人的肯定，他就会感到自我价值得到确认，产生“自己人”效应。在人际交往中，如果我们懂得并能满足别人的这种心理渴望，懂得赞扬，善于赞扬，那么我们的人际关系就会大大改善。

一位创业者指出：“赞美、致谢、感恩的话语，能扩大、释放或以任何方式辐射能量……通过赞美，你可以把一个怯懦者变成坚强者，把一颗恐怖的心灵改造成和平而自信的心灵，使极度神经衰弱者恢复平衡和力量，使即将倒闭的企业重获成功，使不满和抱怨变成满足和支持。”

人生箴言

在现实生活中，赞美不仅仅是一种现象，还是一门学问，更是一种艺术。不管是伟人还是普通老百姓，不管是老人还是年轻人，所有的人都希望得到别人的赞美。马克·吐温曾经说过："一句精彩的赞辞可以代替我十天的口粮。"

第二章

低头弯腰，不说话的开场白

俗话说“初生牛犊不怕虎”，很多人通常都不懂低头，喜欢享受俯视别人时的霸气。你可能会觉得自己在某个方面比其他人强，但你更应该牢记“三人行，必有我师焉”的告诫。一个人有才能是值得佩服的，再加上谦虚的美德，就能跟任何人都说得来，能赢得更多人的支持，进而取得更大的成就。

隐藏才能，等待时机

古语有云："木秀于林，风必摧之。"锋芒毕露的人很容易遭到别人的非议和敌视，善于保存自己，不是消极地避凶就吉，而是为了养精蓄锐，待机而动，这就是韬光养晦。

在我国历史上有不少隐藏才能、厚积薄发克敌制胜的例子。隐藏才能是一种暂时性的策略，在敌强我弱，于我不利的情况下，隐藏才能，等待时机最为适宜。

刘备投靠曹操之后，仍有一番雄心壮志。但是刘备为防备曹操谋害，就在住处后院种起菜来，并亲自浇灌，以为韬晦之计。关羽、张飞对此不解，问道："兄长你不留心天下大事，却学小人之事，为什么呢？"刘备说："这不是二位兄弟所能知道的。"二人也就不再多言了。

有一天，曹操派人请他去赴宴，刘备不知曹操用意，心里忐忑不安。酒到半酣，忽然阴云密布，骤雨将至。曹操突然问道："玄德久历四方，一定非常了解当世的英雄，请说说看。"刘备历数了袁术、袁绍、刘表、孙坚、刘璋、张鲁、张绣等人。不料，曹操鼓掌大笑道："这些碌碌无为之辈，何足挂齿！"刘备说："除了这些之外，我实在不知道了。"曹操说："凡是英雄，都是胸怀大志，腹有良策，有包藏宇宙之机，吞吐天地之气。"刘备说："那谁能担当此任呢。"曹操先用手指指刘备，又指指自己，说："当今天下英雄，只有您和我曹操了。"刘备闻听此言，大吃一惊，手中所持的筷子不觉掉到地上。正巧这时外面雷声大作，刘备便从容俯下身去拾起筷子，说："一震之威，乃至于此。"曹操笑着说："大丈夫也怕雷震吗。"刘备说："圣人云：'迅雷风烈必变。'怎能不怕呢？"这样，他把自己闻言失态便掩饰了过去，曹操也就不再怀疑刘备胸有大志了。

刘备在此处所运用的是一种有所作为的“韬光养晦”，是一种特殊情形下的应变之术。在这种情况下，可能要遭到巨大的人格、精神的侮辱，但如果有雄心壮志，就不能斤斤计较，目光短浅，而应该着眼未来，不做无谓的牺牲。不逞一时之勇而毁掉自己美好的未来。

在人生之路上，在商场如战场的当今社会，巧用“韬晦”之计，便可绝处逢生，从而实现远大的目标。

麦克唐纳快餐馆的董事长克罗克没读完中学就出来做工，以维持生存。后来，他在一家工厂当上了推销员，生活状况有了明显的改善。他在推销产品过程中结交了许多朋友，积累了大量有关经营管理方面的宝贵经验。后来，他决定创办自己的公司。

通过市场调查，克罗克发现当时美国的餐饮业已远远不能满足已变化了的时代要求，亟需改革，以适应亿万美国人的快餐需求。但是，克罗克面临的首要问题就是资金问题，对于一贫如洗的克罗克来说，自己开办餐馆根本就不可能。最后，他终于想出了一个好办法，他在做推销员工作时，曾认识了开餐馆的麦克唐纳兄弟，自己可以到他们的餐馆中学习经验，以实现自己的理想。于是，克罗克找到麦氏兄弟，讲述自己目前的窘境，恳请麦氏兄弟帮忙，最后博得了对方的同情，答应他留在餐馆做工。

克罗克深知这两位老板的心理特点，为了尽早实现自己的目标，他又主动提出在当店员期间兼做原来的推销工作，并把推销收入的5%让利给老板。

为了取得老板的信任，克罗克工作异常勤奋，起早贪黑，任劳任怨。他曾多次建议麦氏兄弟改善营业环境，以吸引更多的顾客；并提出配制份饭、轻便包装、送饭上门等一系列经营方法，扩大业务范围，增加服务种类，获取更多的营业收入；还建议在店堂里安装音响设备，使顾客更加舒适地用餐；他还大力改善食品卫生，狠抓饮食质量，以维护服务信誉；认真挑选店堂服务员，尽量雇用动作敏捷、服务周到的年轻姑娘当前台招待；而那些牙齿不整洁、相貌平常的人则安排到后方工作，做到人尽其才，确保服务质量，更好地招待顾客。克罗克为店里招徕了不少顾客，老板对他更是言听计从了。餐馆名义上仍是麦氏兄弟的，但实际上餐馆的经营管理、决策权完全掌握在克罗克的手中。

不知不觉，克罗克已在店里干了 6 个年头。时机终于成熟了，他通过各种途径筹集到了一大笔贷款，然后跟麦氏兄弟摊牌，最终克罗克以 270 万美元的现金，买下麦氏餐馆，由他独自经营。克罗克入主快餐馆后，经营、管理更加出色，很快就以崭新的面貌享誉全美，经过 20 多年的苦心经营，总资产已达 42 亿美元，成为国际十大知名餐馆之一。

克罗克用“等待时机”的战术取得了成功，仅以让利 5%就轻易打入了麦氏快餐馆，随后通过长时间的潜移默化，对老板的刻意奉迎，换取了兄弟俩的信赖，使兄弟俩认为他处处替自己着想，感到双方利益一致，便自动消除了对他的猜忌，愉快地接受了他的多种建议。经过逐步渗透、架空，使老板“名存实亡”，最后一场交易，全部吃掉了麦克唐纳快餐馆。

人生箴言

在当今社会，太急于显露自己的才能和实力，盼望尽快得到他人的认可和刮目相看，表现得急于求成是很不可取的。这样做不仅会给人自高自大的印象，更主要的是会使你过早地成为人们的竞争对手，倘若你没有厚积薄发的底牌，一旦成为强弩之末，那只有被人嗤之以鼻，驱逐下场。

暂时低头，寻找机会

每个人在漫长的人生旅途中都不可能一帆风顺。人生的路也不可能总是一马平川。人生是曲折的，人生是坎坷的，就像一条布满荆棘的路，谁也不清楚自己会在什么时候踏入。但是踏入也不要消沉，不要一蹶不振，不要将自己葬身于万劫不复的深渊，而要有面对挫折的勇气。所以在面对挫折时，低头隐忍寻机才是明智之举。

有这样一则寓言故事。有一天，一个农民的驴子掉到了枯井里。那可怜的驴子在井里凄惨地叫了好几个钟头，农民在井口急得团团转，就是没办法把它救起来。最后，他断然认定：驴子已经老了，这口枯井也该填起来了，不值得花这么大的精力去救驴子。于是农民把所有的邻居都请来帮他填井。大家抓起铁锹，开始往井里填土。

驴子很快就意识到发生了什么事，起初，它只是在井里恐慌地大声哭叫。不一会儿，令大家都很不解的是，它居然安静下来。几锹土过后，农民终于忍不住朝井下看，眼前的情景让他惊呆了。每一铲砸到驴子背上的土，它都做了出人意料的处理：迅速地抖落下来，然后狠狠地用脚踩紧。就这样，没过多久，驴子竟把自己升到了井口。它纵身跳了出来，快步跑开了。在场的每一个人都惊诧不已。

其实，生活也是如此。各种各样的困难和挫折，会如尘土一般落到我们的头上，要想从这苦难的枯井里脱身逃出来，走向人生的成功与辉煌，办法只有一个，那就是：将它们统统都抖落在地，重重地踩在脚下。因为，生活中我们遇到的每一次挫折，每一次失败，其实都是人生历程中的一块垫脚石。

楚汉争霸时，季布曾是项羽麾下的战将，有一次追击刘邦，差点杀了刘邦。后来刘邦得了天下，最恨的就是季布，悬重赏全国通缉他，同时下令，谁敢藏匿他就诛灭九族。季布无处藏身，只好剃成光头东躲西藏，最后还卖身为奴，才得以自保。有人会说，一个真正的英雄壮士，穷途末路，一死了之算了。像季布这样的壮士，一反昔日刚勇豪迈的气概，窝窝囊囊地亡命天涯，这又是何苦呢。

其实季布自有季布的理由。在刘、项争雄的时候，以西楚霸王项羽那样"力拔山兮"的气概，季布仍然能在楚军中以武勇扬名楚国。每次战役都身先士卒，率领部队冲锋陷阵，多少次冲入敌军夺旗斩将，称得上是真正的壮士。可是等到项羽失败，刘邦下令通缉他，要抓他杀他的时候，他又甘心为奴而不自杀，显得很下贱，一点志气都没有。季布为什么要这么做呢？因为他坚信自己是个了不起的人才，只是投错了胎，走错了路，所以受尽了屈辱但不以为耻，盼望有机会能施展自己还没有充分发挥的潜能，所以最终成了汉代的名将。从他的所作所为中可以窥测出他的志气、抱负，他觉得为项羽而死太不值得，因此才那样忍辱负重，委曲求全。

由此看来，一个有见识、有素养、有气魄的英雄，并不像愚夫愚妇一样，心胸狭隘，为了一点儿小事，就气得寻死上吊。这并不是有勇气的表现，而是计穷力竭，觉得没有办法挽回局面，走到绝路上了，所以才去自杀。而胸怀大志的人，固然把死看得很轻，但要看值不值得去死。只要还有一线东山再起的希望，即便败得再惨也不会自杀的，他们宁愿被俘虏，落到坐大狱、受刑戮的地步，也至死不甘心。

因为他们的智能超过常人，他们唯一忧惧的是此身不保，只要留得青山在，就会实现他的理想，所以他们宁愿做囚犯也不想死。这些英雄豪杰，只想如何建功立业，为此受什么委屈都在所不惜。

前事不忘，后事之师。我们处身于当今竞争日益加剧的社会里，挫折无处不在。若因一时遭遇挫折而意志消沉，一蹶不振，断送自己的美好人生，你将因此而后悔莫及。

挫折，就是我们平常所说的失败或者“碰钉子”。心理学上认为它是当个体从事有目的的活动受到障碍或干扰时，所表现出的情绪状态。挫折是不以人的意志为转移的生活内容之一。世上的事情往往这样：成果未成，先尝苦果；斗志未酬，先遭失败。可以说，一个人的生活目标越高，越是好强上进，就容易敏锐地感受到挫折。

挫折能引导一个人产生创造性的变迁，即增强韧性和解决问题的能力，也能引导人们以更好的方法满足需要。英国卓越的科学家威廉·小周逊用这样一句话概括了他的一生：“有两个字最能代表我五十年内在科学进步上的奋斗，那就是‘失败’二字。”可见，失败成就了他的事业。

生活从它自身的逻辑出发，要求人们增强生活的勇气，增强对挫折的容忍力，要求人们能进取，从挫折中不断总结经验，产生创造性的变迁。成功的生活经验告诉人们：补偿是一种有用的变通进取方式。如爱情受到挫折，就到事业上补取；身有缺陷，就到创造中补取。生活中可供翱翔的天空是那么广阔，可供回旋的余地是那么广大，可供变通的途径是那么众多，正如俗话所讲：东方不亮西方亮，旱路不通水路通。碰上挫折，要学会低下你高昂的头，隐忍等待。

你的生命如果是一把劈荆斩棘的“刀”，那么挫折就是一块不可缺少的“礁石”。为了使这把“刀”更锋利些，勇敢地面对挫折的磨砺吧！

人生箴言

生活是公平的，他给我们每个人提供了许多机会，就看你能不能把握住它。在荣誉与挫折面前要有一颗平常心，不要总是觉得自己比别人强，否则会使自己偏离人生的轨道，也不要总是觉得自己不如别人，要知道世间只有一个自己，这独一无二的自己，便使我们与众不同。

弯腰做人，能屈能伸

在《水浒传》中，曾有这样一段细节描写：武松读了印信榜文后，得知前往井冈山的途中有大虫，原本打算再次回到酒店，但转念一想："我回去时，须吃他耻笑，不是好汉，难以转去。"如此一来，便自言自语地说道："怕什么鸟！且只顾上去，看怎地！"他明知山有虎，却由于先前与酒店老板夸下海口，碍于面子问题而依然选择继续上山。最终，武松打死了老虎，虽然对他而言是较为幸运的，但这种精神并不值得效仿。

对于一个人而言，面子固然重要，然而，只有能屈能伸，才能称得上是大丈夫。人生在世，拥有两种境界：一种是顺境，另一种则是逆境。在顺境中，幸运与环境皆有利于其身，此时应懂得一个"伸"字，乘风万里，扶摇直上，以促使自己更上一层楼；在逆境中，困难与压力均逼迫身心，此时应把握一个"屈"字，委曲求全，保存实力，以等待转机的到来。

小李刚刚毕业步入社会的时候，在一家广告公司任职。自恃有几分才气，谁都不放在眼里。加上性情十分冲动，所以轻易便把经理得罪了。时间一长，渐渐觉得自己在公司的日子不好过了。因为在以后的日子里，批评他成为会议中的保留节目。为此，他十分苦闷，很想一走了之。

在一次朋友聚会中，当小李和朋友倾诉了自己的烦恼之后，朋友问他："公司里业务的每一个环节你都学会了吗?"他回答说"没有"。"你愿意背着那些洗不清的罪名离开吗?""不愿意，可是我在哪里也一样说不清啊！""那不一样。君子报仇，十年不晚，你何不学会了所有的业务之后再离开呢?"他仔细考虑了朋友的话，认为很有道理，于是他坚持了下来，收拾好心情，低头实干，在公司源源不断地"充电"。一段时间之后，他兢兢业业的工作为他赢得了实实在在的业绩。一笔又一笔的业务也增长了他的信心和经验。而这时候他发现，那些中伤他的谎言也已不攻自破，他不想再离开了。

在生活中历练过的人都能了解，谦虚往往被看成软弱，然而这种生活态度却恰恰是尝遍人世辛酸之后一种必然的成熟。那些昂然高论，不以为然的人，对这个问题，乃至人生的认识显然有限，因而表现出来的，只是一种无知的强劲，一种似强实弱的强。真正的智慧，属于谦逊的人。要摆脱人与事的困境，就难免要弯腰做人，但着眼于未来的成功，就一定要放下架子，该屈就屈，能屈能伸，以屈为伸方为英雄！

老子曾说：要受得住委屈，方能保全自己；经得起冤屈，事理才能得到伸直；低洼反能盈满，凋敝反得新生；少取反而多得，贪多反而痴迷。要在危难中保全自己，必须懂得这个道理。说到底就是以一种近于残忍的狠劲儿对待自己。唯有如此，才能积蓄得下力量，不至于一下子就被人消灭。

当美国人宁舍美国车而改买日产车之际，美国车厂则发出不平之鸣。他们认为日本的工资较美国低廉，生产成本占有先天优势，这是不公平的竞争，因此呼吁美国政府应该设法限制日本车的进口。

为了越过美国的保护政策以及用贸易逆差做挡箭牌来限制日本车进口，日本车厂干脆移植到美国本土现产现销。然而，当美国人知道丰田车能发出像宝马同样的关门声，日产无限售价只有德国车的1/2，而本田车由1976年迄今已生产超过500万台时，他们才如梦初醒，知道大势已去！过去流行于国际车坛上“小车看日本，大车看美国，跑车看欧洲”，这句话恐怕也要改写了。

正当美国人惊恐万状，忧心如焚，不知应如何应付日本人这种排山倒海的凌厉攻势时，唯独通用汽车公司的董事长罗杰·史密斯开始默默地进行一项官僚组织与劳资结构的调整。这项关系着美国汽车工业生死存亡的大计划，被命名为“土星”计划。

史密斯是一个真正的策略规划专家及成本分析高手。他着手“土星”计划的第一步是消除个人对日本车的敌视，并且设法和丰田携手合作。他认为事到如今，要击倒日本，就必须加入他们的行列。他说："和丰田的合作，至少可以让通用获得日本最新汽车技术和管理方法。"冒着和敌人勾结的议论，他独排众议在董事会据理力争，认为非如此通用将永无机会和丰田相抗衡。

"土星"计划的第二步就是投资30亿美元成立一个专门的公司，这个公司的特色就是生产设备在科技上的高度整合，从元件生产到装配成车，均采取一贯作业的方式不必为外来核心零件的迟延而浪费时间。

最后，也是最重要的就是劳资结构的调整。史密斯认为成本降低是汽车竞争的关键，要和日本竞争，不降低劳工成本就便一切成为空谈。于是通用公司招兵买马的对象是要有团结精神的人，条件是劳资双方一起工作，共同决策，盈亏均沾，资方不得任意遣散劳工，劳工不得动辄罢工。此种工作模式自然吸引了许多优秀杰出的人才投奔到通用的旗下。

"土星"肩负的使命是使美国的汽车工业脱胎换骨，再显生机。经过长达8年的努力，"土星"终于在众人瞩目，千呼万唤中问世。通用公司也通过重大改革，进入新的发展时期。

弯腰退步，并非是避让，也非妥协，而是积蓄力量，等待时机，一旦机会成熟，便东山再起，重振雄风。

人生箴言

从无到有，从小到大，从贫到富，靠的是胆识、运气和自知之明，更重要的是谋略和技巧，"该出手时就出手"，该弯腰时就弯腰。能屈能伸，有屈有伸，伸中能屈，屈中能伸，此乃成功之道也。

矮檐之下要学会低头

有人问哲学家说："从地到天究竟有多高?"哲学家道："三尺高。""为什么这么低呢?我们人不都长得至少有四、五、六尺高吗?"哲学家答："所以，凡是超过三尺高的人身，要立足于天地间就要懂得低头。"

"低头"给人以懦弱和畏惧的感觉，可事实并非如此，有时候，适当的低头，是一种处世之道，是人生的糊涂大智慧。朋友们要谨记：我们在应该保持低头时就低头，往往办事比较顺利。

隋朝的时候，隋炀帝十分残暴，各地农民起义风起云涌，隋朝的许多官员也纷纷倒戈，转向农民起义军。因此，隋炀帝的疑心很重，对朝中大臣，尤其是外藩重臣，更是易起疑心。唐国公李渊曾多次担任中央和地方官，所到之处，悉心结纳当地的英雄豪杰，多方树立恩德，因而声望很高，许多人都来归附。这样，大家都替他担心，怕遭到隋炀帝的猜忌。正在这时，隋炀帝下诏让李渊到他的行宫去觐见。李渊因病没有去，隋炀帝很不悦，多少有点猜疑之心。当时，李渊的外甥女王氏是隋炀帝的妃子，隋炀帝向她问起李渊没来朝见的原因，王氏回答说是因为病了，隋炀帝又问道："会死吗?"

王氏把这消息传给了李渊，李渊感到事态严重，就更加谨慎起来。他清楚自己迟早会为隋炀帝所不容，但现在起事时机又不成熟，就只好缩头隐忍，等待机会。于是，他故意广收贿赂，败坏自己的名声，整天沉湎于声色犬马之中，而且大肆张扬。隋炀帝知道后，果然放松了对他的警惕。

试想，如果当初李渊不低头，或者头低得稍微有些勉强，很可能就被正猜疑他的隋炀帝杀掉，哪里还会有后来的太原起兵和大唐帝国的建立。

要想平安活在世上，须得牢记不忘低头。一个人在弱势的时候，主宰不了世界，只好任由世界主宰。所谓的“屋檐”，说明白些，就是别人的势力范围。只要你在这势力范围之中，并且靠这势力生存，那么你就在别人的“屋檐”下了。这“屋檐”有的很高，任何人都可以抬头站着，但这种屋檐不多，以人类存在着的排斥“非我族群”的天性弱点来看，大部分的“屋檐”都是低的。也就是说，进入别人的势力范围时，你会受到很多有意无意的排斥。这种情形在所有人的一生当中几乎都出现过，除非你有自己的一片天空，是个强人，不用靠别人来过日子。可是你能保证一辈子都可以如此自由自在，不用在人家的“屋檐”下避避风雨吗？所以，在人”屋檐“下的心态就有必要好好做些调整了。

有一位刚刚毕业大学生，他被分配到了一家贸易公司。他的能力很强，也很上进，工作十分努力，但一直干了几年，他还是没有提升的机会，当时与他一起进公司的人有的都做了主管，可他还是一个最底层的员工。其实，同事们都知晓其中的原因，只是他老是想不清楚。

有一次，他的主管正和公司老板一起检查工作，当走到他的办公室时，他突然站起来，对自己的主管说：“经理，我想提个意见，我发现咱们部门的管理比较混乱，有时连一些客户的订单都找不到。”也许他说的是事实，但此事的后果就可想而知了。

也许你会说，这个人也是为了公司的利益，并且想改进工作。是的，他的本意不错，但我们要了解人性的另一个方面，谁也不愿让人当众出丑，即使有些人能做到前仇不计，但忘不掉当众受辱的难堪的人更多！所以这件事可能会产生一些潜在的后果：一方面双方心里都有疙瘩，受到指责的人因为有损自尊，终究不能释怀；指责他人者心理也总是担心挨整，时时提防。另一方面可能埋下了将来争斗的种子，表面上看起来平静无波，主管当场接受意见，但心里可能耿耿于怀，要伺机报复。

古人说：“小不忍则乱大谋。”即使是在今天，“人在矮檐下，不得不低头”仍不失为我们为人处世的训辞，只是我们认为这条训辞中充满了无奈、勉强、不情愿，这种“低头”太痛苦，因此这句话应改为“人在矮檐下，一定要低头”！

只要是在别人的矮檐下，就一定要低头，不用别人来提醒，也不要等撞到矮檐了才低头。这是一种对客观环境的理性认知，是审时度势后一种明智的选择。做这种选择起码有几种好处：一是不会因为不情愿低头而碰破了头；二是不致因为自尊自大而招嫉恨以致成为被人打击的目标；三是不会因为沉不住气而执意要把“矮檐”拆了，要知道，不管拆得掉拆不掉，你总是要付出代价的；四是不会因为不忍屈就而离开“矮檐”，离开不是不可以，但是要去哪里必须考虑，而且离开后想再回来就不容易了。

总而言之，“一定要低头”的目的是为了让自己与现实环境有一种和谐的关系，把二者的抵触和摩擦降至最低；是为了保存自己的能量，好走更长远的路；是为了把不利环境转化成有利环境。这是处世的一种怀柔、一种权变，更是行走社会的生存智慧。

人生箴言

“在人矮檐下”是人生必经的过程，它会以很多不同的方式出现。当你看到了“矮檐”时，请不要“不得不”，而是要告诉自己“一定要”低头。何况“东家不打打西家”，到哪儿不是低头呢？为人做事向别人低头总是会顺一些。身处弱势，总得忍上一忍，把头低下来，这才是明智之举。

低头让你有个好人缘

“人缘”，其实就是指着一个人的人际关系。一个人的人际关系状况是否良好，是否有好人缘，直接影响到工作，学习，生活顺畅与否，更关系到办事能不能顺利地达到目的。那么，如何才能获得好人缘？

有一位犹太传教士每天早晨总是按时到一条乡间土路上散步。无论见到什么人，总是热情地打一声招呼：“早安。”其中，有一个叫米勒的年轻农民，对传教士的这句问候，起初反应很冷漠。因为在当时，当地的居民对传教士和犹太人的态度是很不友好的。然而，年轻人的冷漠并未改变传教士的热情，每天早上，他仍然给这个一脸冷漠的年轻人道一声早安。终于有一天，这个年轻人脱下帽子，也向传教士道了一声：“早安。”

好几年过去了，纳粹党上台执政。

这一天，传教士与村中所有的人，被纳粹党集中起来，送往集中营。在下火车、列队前行的时候，有一个手拿指挥棒的指挥官，在前面挥动着棒子，叫道：“左，右。”被指向左边的是死路一条，被指向右边的则还有生还的机会。

传教士的名字被这位指挥官点到了，他浑身颤抖，走上前去。当他无望地抬起头来，眼睛一下子和指挥官的眼睛相遇了。

传教士习惯地脱口而出：“早安，米勒先生。”

米勒先生虽然没有过多的表情变化，但仍禁不住还了一句问候：“早安。”声音低得只有他们两人才能听到。最后的结果是：传教士被指向了右边——他成了生还者。

人是很容易被感动的，而感动一个人靠的未必都是慷慨的施舍，巨大的投入。不要低估了一句话、一个微笑的作用，它很可能使一个不相识的人走近你，甚至爱上你，成为开启你幸福之门的一把钥匙，成为你走上柳暗花明之境的一盏明灯。有时候，“人缘”的获得就是这样“廉价”而简单。

人缘，是对一个人与他人（领导、群众、同事、朋友、邻居等）关系好坏、高低的一种评价。人缘，是人际关系的润滑剂。一个人的人缘好，与他人的关系就好，给人的印象就好；反之，一个人的人缘不好，与他人的关系差，给人的印象自然就差。好人缘使人彼此相处和睦、和谐，因而心情舒畅、精神愉快，有利于工作，有利于个人的发展，甚至有利于人的健康长寿。我们都想有一个好人缘，但是很多人却不知道如何才能获得一个好人缘。

小金是一家国营单位的合同工，平时的工作是做一些与银行联络之类的工作，她的单位中还有不少合同工，待遇很低，工作却都由他们完成。由于工作环境的不理想，不少人跳槽而去。

有一天，一个两年前跳槽的同事忽然打电话给她，问她是否愿意到某知名外企担任营运主管工作。小金以为他在开玩笑，自己学历不高，不会外语，无外企工作经验，更无管理经验，这个以前只在单位见过几面的同事不是开玩笑是什么？但同事却是当真的，他已经是该外企的经理，当公司空缺这个职位时，他头一个就想到了小金，并深信小金的能力与人品完全可以胜任。经过同事推荐与指点，小金顺利通过了面试，在以后的工作中果然非常出色。

后来，小金问同事为什么会想起自己，同事笑着说，他虽然已经忘记几乎所有原单位同事的姓名和模样，虽然在原单位只见过小金几面，但肯定小金在某些方面做得非常出色，让他留下深刻的印象。他告诉小金，虽然你能进这家外企，是因为有我帮忙，但实际上你要感谢你自己，是你给我留下了非常深刻非常良好的印象，虽然具体细节我忘记了，但我记住了你。这不能不说是小金的好人缘给她带来了意想不到的帮助。

中国台北“身心灵成长协会”的创办人赖淑惠曾住在首都大厦里，兼营这个楼的房产中介。经一番细心观察后，她发现凡是对大厦有兴趣的买家，第一个总是先询问大门管理员："最近有没有住户要卖房子啊？价钱多少呢？"

有趣的是，每次管理员的回答几乎是："你去问住在8楼的赖小姐，她很喜欢买卖房子，这样就不必再去找其他中介商了。"此外，该楼谁要钱急用要卖房子的消息也总是第一个传到她的耳朵里。正因此，赖淑惠在首都大厦一个物业上整整赚进1000多万元。

为什么管理员愿意帮赖淑惠的忙？说穿了是她将任何人都当成家人般关心，赖淑惠每天出入大门，必会向当日值班的管理员打招呼，出差返回也会顺道带些当地名产略表心意。

纵观事业有成之人，有些固然是天赋异禀可恃才傲物之辈，但更多的还是朋友遍天下，行走可借力的人。美国石油大亨洛克菲勒在其全盛时期曾感慨地说："与人相处的能力，如果能像糖和咖啡一样可以买得到的话，我会为这种能力多付一些钱。"美国人更有名言：20岁靠体力赚钱，那30岁靠脑力赚钱，40岁以后则靠交情赚钱。

人生箴言

一般来说，有好人缘的人待人心胸宽广、大度，不苛刻，不使小心眼，能容得了人，不小气，不狭窄，别人有了成绩不眼红，更不妒忌，不吹毛求疵，不小题大做。汉司马迁曰："交绝不出恶声。"这类人以礼相待，很尊重他人的人格，尊重他人的选择，决不盛气凌人。他人有了错，不在背后或大庭广众之中进行议论、贬损，更不会"翻老账"，不揭他人之短，不恶言伤人，而且能尊敬不喜欢自己的人。所以他们能与他人较好地相处，自然就有一个好人缘。

低头是一个强者必备的能力

有人认为逆境出人才，抱怨生活太平淡，环境太舒适，缺乏促使自己前进的动力；也有人认为顺境出人才，感叹自己生不逢时，条件太差，时运不佳。在他们看来，客观条件对成才起着决定性作用。这便他们学会低头。

在中国的历史上，舜是被称为有“大智慧”的人。根据历史记载，舜出生后不久母亲就离开了人世，后母生了一位弟弟“象”。尽管舜总是小心地侍奉后母和照顾弟弟，但还是经常遭到后母的毒打和虐待。最后，舜选择了离家出走，一个人流落到历山脚下开荒种地。

因为德行高尚，所以在清苦的生活中，舜没有一点怨言。他与当地的农夫和山林中的鸟兽生活在一起。他常常观察周围的事物，发现一切都是那么温馨和睦，于是他触景生情，创作了一首首感人的乐歌。

舜的德行影响了周围所有的人，农夫相互谦让已开垦好的农田，渔民相互谦让自己打鱼的场地，陶匠则做出了更加精美耐用的陶器。舜成为人们学习的榜样，人们从四面八方扶老携幼过来，希望和舜成为邻居。仅仅用了一年时间，他的周围就会聚成村落，然后就扩大为城镇、都市。最后，当时的天子尧将自己的两个女儿娥皇和女英许配给了舜做妻子。这两位聪明美丽的妻子给了舜无穷的力量。“无知”的舜总能逢凶化吉，顺利地通过了尧对他的能力所进行的考试。最后，尧将天子之位禅让于舜。在舜的德行中，“低头”一直贯穿始终。正是因为有了这份低调为人的态度，舜才能跨越清苦的普通人，一跃成为天子。舜能成为天子，自然是因为拥有大智慧，但是，舜的大智慧却没有使用什么心计。事实上，他的“大智慧”往往都是以“低头”来衬托的。舜从未有意识地去获取民心，也并没有处理任何复杂事务的知识。但是，由于纯朴、坚强、虚心，才保证他最终取得所期望的胜利。

舜的胜利说明低头在智慧中具有不可替代的作用，这种智慧受到当时许多学者的称赞，一时之间，甚至成为一种“时尚”。

一个人究竟强不强，不是看你有多么出名，多么有权有势，而是看你有没有真正让自己强起来的坚实基础和本事。真正有本事的人都是能够隐忍，懂得低头让步的人，他们讲究的是运筹帷幄，厚积薄发，修于内而成于外，这才是真正让人佩服的成功。

一个懂得低头的人，总是高深莫测，不显山不露水，默默耕耘，苦心孤诣，直至成功，甚至成功以后，这样的人也不喜欢张名扬利，而是继续探索，继续追求，寻求新的突破，这才是忍耐而成的英雄。

要成为这样的人并不难。首先，低头的人总是喜欢藏锋守拙，待机而发，在别人面前表现出来的更多的是大智若愚、大巧似拙的一面，心态平和踏实，锋芒内敛，虚心于请教和完善，具有认真谨慎的工作态度。这样的人往往具有十分缜密的个人思维习惯，处乱不惊，目光长远，再加上艰苦的磨炼，顽强的意志，都为事业成功奠定了一个坚实的基础。

其次，低头是一种修为，是成就大事的一种方式。一个懂得低头的人，身性高洁，意志坚定，又具有超脱欲望、淡泊名利的胸襟。这样的人想的不是怎么把钱赚到手，而是想着怎样把事情做好，功到自然成。

总之，盲目地张扬自己的本领，亮出全部的看家本事，正如技穷的黔驴，最终让真正有本事的老虎一一吃掉。这些人往往私心杂念太重，名利思想过浓，如果事业不成，很可能会身败名裂，即使不身败名裂，事业上也必然会遭受沉重的打击。

人生箴言

如果把我们的人生比作爬山，有的人在山脚下刚刚起步，有的人正向山腰跋涉，有的人已信步顶峰。但此时，不管你身处什么位置，请记住：要把自己放在山的最低处，时时警醒自己。即使“会当凌绝顶”，也要记住低头。因为，在你所经历的漫长人生旅途中，难免有碰头的时候。

吃亏就是占便宜

低调的人对待得失，很喜欢用一句话来轻描淡写：“吃亏就是占便宜。”也许你会讥笑说，这是阿Q式的自我安慰，难道真是如此吗？

有的人看起来精明强悍，“宁可我负天下人，不愿天下人负我”是他们做人的宗旨。老是想着揩别人的油水，自己吃一点亏就大喊大叫，其结果反而总是吃别人的亏，一辈子受尽了窝囊气；他们总想昂首站在别人的头上，向世上炫耀他是多么了不起，结果他却总是受别人的欺负和嘲弄；他们自以为是其他一切人的主人，而结果却比起其他一切人更是奴隶。

而有的人则遇事都首先选择自己吃亏，结果往往占尽便宜；宁可委屈自己也不愿委屈他人，其结果反倒能扬眉吐气；向社会只求奉献不求索取，结果却从社会中获得了更多利益；从来不把自己凌驾于他人之上，结果却赢得了大家一致的尊敬与爱戴；从来不与别人争权夺利，结果他没有一个竞争对手，在社会上独领风骚。

世上没有白流的汗，你每一次努力迈出一小步，日积月累，就会在以后漫长的日子里让你实现大距离的跨越。不要觉得多付出一点就是吃了亏，吃亏也是需要舞台的，没有了舞台，你到哪里去发挥呢？

一位患胃溃疡的病人，正为没有钱去医院治疗而发愁，他的一位朋友告诉他，电视里有则广告说，有一家专治胃溃疡的诊所，为患者提供免费治疗。晚上，那位病人在电视里真的看到了那则广告，广告里讲：“你是不是得胃溃疡了？如果是的话，那么你现在就该和医生约定时间前去就诊。你如果被确诊为胃溃疡，你将得到免费治疗，而且，你每次到这里治疗时，还将得到诊所付给的25美元的报酬。”

千真万确的电视广告，给这位经济上十分贫困的患者带来了福音。第二天一早，这位患者就来到电视里介绍的伍德曼—珀卡尔诊所。他看到许多和他一样慕名而来诊治的病人，已坐满了这间本来就不太宽敞的屋子，两位戴眼镜的医师，正在和蔼地询问着病人的病情，这位患者看到，被确诊为患了胃溃疡的病人，真的从服务小姐那里领取了25美元的报酬。

为什么会出现付钱给病人的奇特诊所呢？伍德曼是一位不注册的药物制造商，他的合伙人是个取得了化学博士学位的化学家珀卡尔。他们看到，时下胃溃疡病流行，患者很多，如果与别人一样来收费治疗胃溃疡，即便是首屈一指的医疗机构，也难以在激烈的市场竞争中求得生存和发展。何况他们仅仅只有一间实验诊所，为了招来更多的胃溃疡患者，他们创办了这家独具风格，付钱给病人的诊所。

诊所刚刚开张营业，患者便蜂拥而来。按照常理，这样的赔本买卖，诊所岂不注定要关门吗？原来，诊所通过给胃溃疡病人诊治，可以获得大量可靠的第一手医疗研究资料和数据。利用这些数据和资料，可以争取仪器与药物管理局批准制造新产品。药物实验室每实验成功一种新药物，两位经营者便可以获利500万美元，可见伍德曼—珀卡尔诊所确实是舍小取大的大赢家。由此看来，吃亏真的是一门学问。

有一个大学生，刚毕业就被分配到一个很有名气的公司。他的脾气非常好，不管是什么事情，只要你找他帮忙，他不管活有多累多重，都会欣然应允，有人笑他傻，凭他的文凭，做经理都不成问题，但他竟然有时还帮阿姨送报纸，甚至送印刷品，但他每次都笑着说：“其实吃亏就是占便宜。”果然，在两年以后，这个大学生很顺利地开了自己的公司，而且有很多公司聘他做兼职经理，这时有人问他成功的秘密，他还是笑着说那句话——“吃亏就是占便宜。”原来，正是由于他有机会接触公司的各个阶层，所以不但对公司各个部门的运行了如指掌，还知道每个阶层人的想法，这为他以后自己开公司打了很好的基础。

吃亏就是占便宜，我们应该记住，这是积累工作经验，提高自己做事能力，扩大人际关系网络的最好办法。如果样样都想占便宜，那最后一定会吃亏，而且还可能吃大亏。

其实我们总是在抱怨机会没有垂青自己。但我们忘记了，机会对每个人都是平等的，就看我们能否去发现他，抓住他。天下没有白吃的亏。与我们交往的大多数无非都是普通人，在人际交往中都遵循着相类似的原则。我们所给予对方的，会形成一种社会存储，而不会消失，一切终将以某种我们常常意想不到的方式回报给我们。

多干一点，是证明你可以在另一个舞台上表现自己，让你认识到自己另一方面的能力，也许你会从中找出更多的机会，你人生的道路可以多一次选择。人生也是一种投资，今天你投入得多，运作得当，将来你就收获得多。如果你不肯投入，不愿付出努力，你将注定一无所获。

人生箴言

成功是最公平的，它不管你吃亏没吃亏，它只知道你付出，它不以金钱作为记量单位，你心智的成熟、人生阅历的增长，在它那里有完善科学的指数，它给你最公正的打分。但机会却是调皮的，它愿意光顾那些吃亏的人，他们的每一次努力都是在接近机会。吃亏就是占便宜，才是大智慧。让我们记住这句话，它将对我们以后的人生有莫大的帮助。

保持耐心，把冷板凳坐热

有这样一个故事：北极熊又叫“白熊”，全身白毛，就连它们的耳朵和脚掌也长着白毛，和北极的冰天雪地相映生辉。北极熊是世界上最大的动物之一，却极善于游泳和潜水。在北极，海象是白熊唯一实力相当的对手，馋嘴的白熊为了吃到美味的食物总是煞费苦心、绞尽脑汁。

白熊可以在几公里以外的地方嗅出海象的气味，然后以冰块为掩护潜水靠近海象群。担任瞭望的雄海象则会发出震天的咆哮声以示警报。

善于审时度势的白熊并不贸然行动，它四肢趴在冰块上，像条虫一样慢慢蠕动，除开黑眼睛和鼻子外，雪白的身子与银白的冰雪世界浑然一体，很难感觉到它在移动。它索性卧下来，把鼻子藏在前肢里，眼睛时而睁开又闭上，白熊瞬间就好像消失了一样。

然而在眼睛的一闭一睁之间，白熊的身子一点一点往前挪动。海象似乎视而不见又似乎觉得那只是一种幻觉，白熊并不在周围，于是慢慢安静下来，支起的上身又卧到了冰面上——两者的距离在渐渐缩小。

从冰表面传来的轻微的细小的震动以及渐渐产生的体温让海象警觉，可是，那看起来像堆雪的东西突然有了生命，一双厚大的利爪已经压在身上，最令其恐惧的是一张血盆大口已经在脖子上露出了比冰天雪地还要冰冷的寒意……

温热的血洒在冰冷的雪地霎时没有了热度，鲜红的血在雪地里是那么鲜艳，那么刺眼。海象的一双眼始终睁得大大的，似乎要看清楚一切，但是生命不能重来。

白熊能在陆地上行走，同样可以在水中畅游。然而在北极这个冰天雪地的领域里，白熊知道只有从水中才能找到食物。同时，白熊也很清楚自己的能力，虽然能潜水但是不能长时间待在水里，其速度也难以追上猎物。但是，一身的雪白在千里冰封的世界里接近猎物却不是难事。

海象一身黝黑在雪地里是最明显的目标，所以海象时刻保持着高度警惕，由于群居生活，它们有专门站岗的海象，一有“风吹雪动”马上予以警告，同时，海象有护卫队，群攻来犯的敌人。谭小芳老师认为，在高度警惕的海象面前，白熊不敢轻举妄动，它要想方设法摧毁海象的心理防线，消除其高度警惕的念头，这样才能扑杀猎物。于是它想到利用自身的条件优势——雪白的外表在雪地里不易被发现——来接近猎物。白熊在靠近海象的时候，速度放得特别慢，这需要足够的耐心。

对于一个人来说，即使你能力再强、机遇再好，也不可能保证一辈子一帆风顺。如果你是为人作嫁，就有可能得不到他人的重用；如果你是求人办事，特别是那些棘手之事，你就有可能坐上他人的冷板凳。

人在职场，学会忍是很有必要的。一个人要想安身立命于世。成家立业于社会，就不得不学会忍。尤其是在小事情上，能忍耐就尽量忍耐。有的人就是由于没有克制一时的冲动和愤怒，做出了导致终身懊恼的事情。机遇就像夜幕之中一闪而过的流星。它不是什么时候都有的，转瞬即逝。如果没有充足的耐心，即使出现了机遇，也未必能把握住。每个人都企盼“一朝成名天下知”，渴望功成名就的辉煌，但在此之前，还需要有“十年寒窗无人问”的寂寞，有把冷板凳坐热的耐心。

有一位女大学生，某重点大学经济学院毕业。在一家外贸公司里面当职员。这位女大学生基础扎实，很有才学，漂亮能干，刚进公司时就很受老板赏识，人际关系处理得也很到位，同事都很喜欢她。但不知是怎么回事，整整一年多的时间，老板从未过问过她的情况，也不交给她重要的工作，也没有与她有过什么沟通。只是让她干一些不起眼的事情，对于公司来说她简直是可有可无。

可是，这个女孩并没有放弃努力，也从未抱怨过，更没有因为自己是科班出身、专业对口而向领导讨个说法，她只是认为自己还是个新员工，做不起眼的工作，坐“冷板凳”是应该的。终于，一年后，老板找她谈话了，不但肯定了她一年多来默默无闻工作的成绩，还依据她的实际能力为她晋升了职位，她的耐心等待总算得到了回报。

如果这个女大学生放弃了，没有耐心坐“冷板凳”，没有用尽责的表现获得领导的赏识，那么人生必定黯淡下去。每个人都不希望坐“冷板凳”，可是世事难料，如果没有耐心，急于求成，难保会四处碰壁。而耐心做好眼前的事情，兴许就能把握走向成功的机会。说到冷板凳，就很容易想起球场上的“板凳队员”，他们可能最能够体会到耐心等待对于人生的重要性，

一般来说，每支球队的人数大多都超过了上场的人数，因此很多人都是要坐“冷板凳”的，只有少数的主力能够登场。除了主力之外，就是坐在板凳上等待机会的替补球员。在一场比赛中，这些板凳队员有的只能上场几分钟，有的连上场的机会都没有，即使一个赛季有些替补也没能上场几分钟。如此时光，可谓难熬之极，但是如果熬不下去的话，也许坐冷板凳的资格都没有了。

看看球场上，有些人现在叱咤风云，风光无限，可是几个月前也许他还在冷板凳上苦熬岁月。人生就是这样，不可能什么时候都是耀眼的明星、观众的焦点，机遇也不可能时刻都有。很多时候，都得坐在冷冰冰的板凳上，等待着机遇的出现。

很多职场人士都喜欢抱怨命运的不公，埋怨自己没有获得良好的发展机会，但是事实上。如果对自己所做的每件事情进行细致的分析，也许会发现，机会不是没有，只是在不自觉中把它浪费掉了。成功不只是需要热忱的干劲儿，还要需耐得住人生中的寂寞。

人生箴言

坐冷板凳的原因很多，但问题是有些人一坐上冷板凳后，不去仔细思考其中的原因何在，只知道整日抱怨、意志消沉，长此下去，反倒害了自己。其实，与其坐在冷板凳上自怨自艾、疑神疑鬼，还不如调整好自己的心态，用行动向他人证明自己，用耐心好好把冷板凳坐热。

第三章

摆正心态，顺利交谈的保证

一个人来到世上，并不是为苦恼而来。所以，就不能天天板着面孔，世上没有绝对幸福的人，只有不肯快乐的人，人生苦短，与其事事张弓拔弩，不如幽上一默。人生不如意的事常有，乐观点，自己营造快乐，学会轻松地生活。我们人生的第一个心机应该是为自己的人生创造一个乐观、积极、欢笑的个性，懂得享受快乐。做人要远离忧愁、悲伤、苦恼，吃得开，想得开，这样的人生才是一个有意义、有价值的人生。

控制情绪，把握未来

情绪是一把双刃剑，如果情绪处理得好，可以将阻力转化为助力，帮你化解困境，让你的生活左右逢源。如果情绪处理得不好，情绪就会失控，从而在愤怒的情景下做出一些非理性的言行举止，害人害己。

曾看到这样一段报道，报道说，某小学生随手把塑料袋扔进厕所，年轻的女教师盛怒之下强迫他把塑料袋拣回来含到嘴里。在一片谴责声中，这位教师被学校开除。中国传统的处世智慧非常强调克制和忍耐，在冲动性的情绪中以愤怒最为有害。情商研究认为，控制冲动主要是控制人的愤怒情绪，不要做愤怒情绪的奴隶和牺牲品。

对愤怒情绪的控制水平，标志着一个人的品行水准。一个人如果容易发脾气，那是对自己和他人的双重伤害。换个角度对待使你生气的那件事，是极有效的息怒方法之一。

当你遭受不公正的待遇时，心中的怒气大有冲决之势，这时你不妨确立一个“假设敌”，把无限的不平之气都发泄在它的身上。

有位张先生，性情特别急躁，一次受到领导的过火批评后，满肚子是火，欲以拳脚功夫施以报复。后来，他的一位年长的朋友就将他拉至菜园，命其挖土。他下意识地刨了一个大坑，而后又填上，再刨、再填，如此反复，张先生脸上终于雨过天晴。

一位著名的富贾对于自己宣泄不良情绪的方法说得十分有趣。他说：“当我自知怒气快来时，连忙不动声色地设法离开，立刻跑到我的健身房。如果我的拳师在那里，我就和他对打，如果拳师不在，我就猛力捶击皮囊，直到发泄我的满腔怒火为止。”日本有些企业，也盛行这种方法。在工厂里专门设一间房子，里面挂有经理、老板的像，对他们有意见的员工大可在房间里大骂，直到发泄完怒气为止。

美国前总统里根平素性情温和，但偶尔也要发点脾气。他发起怒来会把铅笔或眼镜扔在地上。不过，他总是很快就能恢复平静的情绪。一次他主动对他的侍从人员说："你看，我在很久以前就学到了这么个秘诀，你发怒时，如果控制不住自己，不得不扔掉一些东西来出气的话，那么应该注意把它扔在你的面前，可别扔得太远。这样捡起来就省力多了。"

另外一种有效的息怒方法是独自走开，去冷静一下头脑，并且默默地对自己说，我现在正在气头上，如果我意气用事，或许会带来后悔莫及的结果。这对于在盛怒之下头脑不清的人尤为有用。

还有一种比较安全的做法是通过运动来转移注意力。研究者发现，当一个人盛怒的时候，如果他出去散散步或者骑骑车，就会冷静下来。因为运动分散了原来的注意力，把心理聚焦点转移到别的事情上去了。

这些都是值得一试的息怒方法。事实上，愤怒是指当某人事与愿违时所做出的一种惰性情绪反应，他的心理潜意识是期望世界上的一切事都要与自己的意愿相吻合，当事与愿违时便会怒不可遏。这当然是痴人说梦式的一厢情愿。其实，一个人便是一个世界，他有权决定他的说话和行事的方式。

所以，有人说在人生这个大舞台上，最难战胜的是自己。控制情绪，驾驭情绪，是很重要的一件事，当然你不必"喜怒不形于色"，让人觉得你阴沉不可捉摸，但情绪的表现决不可过度。

心理学家们认为，适当的宣泄对人的身心健康来说是很重要的，并将宣泄分成了消极的宣泄和积极的宣泄。那么，人们应该怎样进行积极的宣泄呢？

首先，要对自己原有的欲望、愿望进行科学的审视。看一看它是不是过高，是不是不切实际。如果是的话，那就要降低自己的期望值。俗话说"无欲觝黜"，欲望太甚、太烈或着太贪，就怎么都"刚"不起来。如果将自己的期望降低点，淡泊点，也就不必太有求于人了，也就不必看着他人的脸色过日子了，心情反而好了许多。

其二，将心放宽一点，将眼光放远一些。对一些无法改变的现象不妨采取藐视、蔑视的态度：不要看你一时得势，但从长远来看，亏的是你。经常这样想、这样看的结果，就会使自己认识到．既然渺小的不是自己，又何必再自己折腾自己呢?

其三，要以一种更高的层次、更高的方式进行宣泄。不要就事论事，更不要个人感情用事。理性一点，科学一点，如果可能的话，要将发生在自己身上的不平或不公放到一个“历史背景”下审视。一般来说，站得高，看得就远，此类方法对平衡自己的内心将是很有效果的。

其四，不要为自己遭受到的不幸或痛苦而不停地自我折磨。最好的解脱方式是相信自己的能力和水平，有才不愁无用武之处，努力去寻找一条适合自己发展的道路，将精力全身心投入到自己热爱的事业之中，从工作的社会价值和社会认同中去寻找精神安慰和精神寄托，这是最佳的宣泄方式。

其五，要相信这个社会中还是聪明人多。现在的人，谁都不是傻子，人们的眼睛都是雪亮的，谁都看得出问题的症结。如果真理果真在你的手中，别人会从内心认同你、支持你。

其六，不提倡过度宣泄。有的人不考虑时间、场合随意宣泄．有的人不顾及对象，任意宣泄，这不仅伤害了他人，也伤害了自己。如果你能较好地掌握自己的情绪，那么你将在别人心目中留下沉稳、可信赖的形象，虽然不一定因此获重用，或者在事业上有立竿见影的帮助，但总比不能控制自己情绪的人要好得多。

人生箴言

有这么一句顺口溜：“当喜不狂喜，方可长喜；当怒不暴怒，方可不长怒；舒心应有度，延年又益寿。”当我们表达自己的情绪时，一定要考虑适度，让自己的情绪反应处在最适度的状态。

善于知足，乐在其中

自我满足有两种：一是盲目的满足，二是知足常乐。盲目的满足是不可取的，它会使你走向失败。后者心灵通达，极易知足。人生一世是非常不容易的，知足是一种最大的满足。

人生就是炼狱，磨难不济其数，要想活得潇洒些，就必须学会自己安慰自己，正所谓心底无私天地宽，凡事只要想开了，就不会有什么大不了事的来折磨你。要想心情好，就一定得学会自己欣赏自己。现在大家都比较关注自己的生活质量，然而，生活质量的好坏，并不完全在于物质方面，更多的还在于自己心情的好坏。一个人成天为了一点蝇头小利而苦恼，即便拥有金山银山，生活质量也好不到哪里去。

一位名人说过：有一匹马，就有一匹马的痛苦；有一只羊，就有一只羊的痛苦；财富越多，痛苦就越大。所以凡事要学会知足，知足的人，胸怀就会坦荡，没有如此的欲望和烦恼，这是超越世间的一种安乐的境界。

有一位青年人总是埋怨自己生不逢时，发不了财，整天愁眉不展。这一天，走来一个满头白发的老人，老人关心地问："年轻人，为什么不高兴？"

"我不能明白，我为何老是这样穷？"

"穷？我觉得你比任何都富有！"老人由衷地说。

这个年轻人不能够理解。

老人这样问道："如果现在我折断了你的一根手指，给你一万元，你干还是不干？"

"不干！"年轻人马上回答。

"如果说让你马上死，给你一千万，你干还是不干？"

“不干！”

“这不就好了，你身上的钱已超过一千万了呀！”

老人说完笑着走开了。

我们时常和这个年轻人一样，愁眉苦脸的，不能够看到自己所拥有的，整天考虑的是未来的难处，自己给自己背上包袱，很少有知足之心。

知足者常乐。满足于现状，对于个人来说，并不一定就是不思进取。“君子有所为，有所不为。”对于事业我们应该孜孜以求，而对于那些名利之事，我们大可不必计较，还是顺其自然的好。有的人钱多了不知该怎么花，而对于相当多的老百姓来说，每一分钱都来之不易。怎么办？“红眼病”是万万犯不得的。钱多了容易遇贼惦记，如果你这样想，那么你的心态就平稳。你开着私家车是神奇，可过不了十年充其量也不过废铁一堆；有人骑自行车上下班，累是累了，可一来安全，二来还符合环保要求，更重要的是还锻炼了身体。千金难买好身体，何乐而不为呢？

有一个渔夫和一个富翁同在一个沙滩上晒太阳。

富翁问渔夫：“你为什么不努力工作呢？”

渔夫反问：“你努力工作为了什么？”

“为了赚钱！”

“赚钱为了什么？”

“为了能够出来旅游。”

“那出来旅游又为了什么？”

“为了可以躺在沙滩上晒太阳。”

“我现在已经躺在这里了。”

知足就是一种快乐。

要做到知足常乐，就一定要经常审视自己，时刻保持一种豁达和乐观的积极心境，消除一切不合实际的物欲，排除那些不合理的诱惑，抵御那些想入非非的杂念，做到不以物喜，不以己悲，无论外部的环境如何，都不要让荣华富贵、得失成败左右了自己的心境，一定要守住自己知足的心理。

人生箴言

生活中有一个小窍门，也许大家都有体会：热水瓶的开水如果灌得太满，反而容易凉。这是为什么呢？因为热水瓶盖能传热，如果开水灌得太满了，水与塞子接触，水的热气就会通过盖子散发出去。这样，热水瓶里的水，就会很快冷却下来。所以，有经验的人不会将水瓶里水灌得太满。这就是知足常乐。

开怀一笑，苦累全无

谁的生活不曾有崎岖坎坷？谁的人生不曾有困难挫折？既然不能逃脱人生途中必经的磨难，那么就该保持平和、乐观的心态，不管受再多的苦和累，也要笑一笑，抬头挺胸向前走！大家要是和自己过不去，那么生活也会跟大家较劲儿；大家要是善待自己，笑对人生，那么生活自然就会还大家一份简单快乐。心态主宰着成败，同一件事由具有不同心态的人去做，其结果截然不同。好心态是大家获得成功的无价之宝，拥有了它就会改变自己的命运。

人生就是得失循环的过程，适时地放弃一些东西，才能获得更珍贵的东西；我们该看到自己的优点，也应该接受自己的缺点。世界上本来就没有完美的人生，因此，我们不必戴着面具去生活；追求享乐是人的天性，但经历苦难也是人生的必然，人若不经过挫折、苦难、挣扎，就不可能脱颖而出。古今中外的历史反复证明了一个道理：自古雄才多磨难，从来纨绔少伟男；只要向着阳光，阴影就留在你的背后，人生没有过不去的坎儿。

人不是因为心情好而笑，而是因为笑而心情好的，把笑容留在你的脸上，慢慢地它就会渗透到你的心里。

晚上笑一笑，睡个美满觉；早晨笑一笑，全天生活有情调；工作之余笑一笑，自在乐逍遥；喜庆之时笑一笑，满堂欢喜又热闹；烦闷之时笑一笑，一切烦恼全忘掉。相声让你笑一笑，你永远都忘不掉。工作顺利，生活没烦恼，事业又发达，前景更美好，笑口常开，千秋永照！

苦中作乐最拿手，哀中一笑最开颜。笑一笑十年少，愁一愁白了少年头。

曾有这样一个学生，因为家里贫困，很早就退学嫁人了。她的同学猜想她一定是个愁肠百结的女人了，就一起相邀去看她。谁知一看，她竟是一副很满足的样子，有一个爱她的丈夫，有一个可爱的小男孩，这就是一个女人的幸福了。日子一天天流逝，后来，她的丈夫在一场大病中离她而去，再后来儿子因车祸进了监狱。此时，她的朋友猜想她这回一定很痛苦了。有一次，一个朋友路过她家，特地去看她。她的容颜苍老了许多，额头过早地爬上了一条条皱纹，但她办起了一个托儿所。在与朋友谈话间，她一会儿抱抱这个孩子，一会儿拍拍那个孩子，满屋子孩子幸福地欢笑，她看起来也没有那么痛苦。

倘若别人能将你的财产，你的妻子……你身外的种种一切都拿走，你还能够坚强地挺立，这可以说明你是个强者。谁也拿不走你的快乐，你的自信，你内心的宁静。

在一个讲究包装的社会里，我们常禁不住羡慕别人光鲜华丽的外表，而对自己的欠缺耿耿于怀。其实，没有一个人的生命是完整无缺的，每个人都或多或少地缺少一些东西。有人夫妻恩爱，月收入数十万元，却有严重的不孕症；有人财貌双全，能干多金，情字路上却是坎坷难行；有人家财万贯，却是子孙不孝；有人看似好命，却是一辈子脑袋空空……每个人的生命，都被上苍划上了一道缺口，你不想要它，它却如影随形。你要宽心接受，体会到生命中的缺口，仿若我们背上的一根刺，时时提醒我们要谦卑，要懂得怜惜。若没有苦难，我们会骄傲；没有沧桑，我们不会有同情心去安慰不幸的人。

有一则这样的事例：非洲的一座火山爆发后，随之而来的泥石流狂泻下来，迅速流向坐落在山脚下不远处的一个小村庄。农舍、良田、树木，一切的一切都没有躲过被毁的劫难。滚滚而来的泥石流惊醒了睡梦中的一位14岁的小女孩。流进屋内的泥石流已上升到她的颈部。

此时，小女孩只露出双臂、颈和头部。及时赶到的营救人员围着她，但却没有一点办法，因为对于这个遍体鳞伤的小女孩来说，每一次拉扯无疑是一种更大的肉体伤害。这时房屋早已倒塌，她的双亲也被泥石流夺去了生命，这个女孩是村里为数不多的幸存者之一。

当采访的记者把摄像机对准她的时候，她始终没叫一个“疼”字，她只是咬着牙微笑着，不停地向营救人员挥手致谢，两只手做出表示胜利的“V”字形。

那个小女孩坚信政府派来的求援部队一定能救她。可是营救人员最终也没能从固若金汤的泥石中救出她。但那个小女孩自始至终都微笑着挥着手，直到一点一点地被泥石流淹没。

在生命的最后一刻，那个女孩脸上没有一点痛苦失望的表情，反而洋溢着微笑，而且手一直保持着“V”字形状。那一刻仿佛延伸了一个世纪，在场的人含泪目睹了这庄严而又悲惨的一幕，心里都充满了悲伤。世界静到了极点，只有灵魂在独舞。

死神可以夺去人的生命，却永远夺不去在生死关头那个“V”字所蕴含的精神。在人生的道路上，挫折、困难甚至绝境是避免不了的，最重要的是要坦然面对，自信自强，让灵魂始终微笑，高举那面叫作自信的胜利之旗。因为穿透灵魂的微笑，常常在生命边缘蕴含着震撼世界的力量，让人生所有的苦难如轻烟一般飘散。

不管你在什么地方，不管你在做什么，要永远地记住：简单的一个微笑是一种最为普及的语言，她能够消除人与人之间的隔阂。人与人之间最短的距离是一个可以分享的微笑，即使是你一个人微笑，也可以使你和自己的心灵进行交流和抚慰。

一旦学会了“再苦也要开怀一笑”，你就会发现，你的生活从此就会变得更加轻松起来。

人生箴言

艰难险阻是人生对你另一种形式的馈赠，坑坑洼洼也是对你意志的磨炼和考验。落英在晚春凋零，来年又灿烂一片；黄叶在秋风中飘落，春天又焕发出勃勃生机。这何尝不是一种达观，一种洒脱，一份人生的成熟，一份人情的练达。当晨曦洒进你的心中，你会幡然明白：人生不要太圆满，再苦也要笑一笑！

卸下包袱，学会放松

在人的一生中，一个人如果喜欢把自己所遇到的每件东西都背上，身上负重，这样就会感觉到非常累，保证不了哪天会因身负如此沉重的东西而停止不前或倒地不起。在车站，我们看到走得最累的是那些背着大包小包的人。这就告诉我们一个道理："只有携带得少了才会越超脱；一个人越是淡泊，精神就越自由。"

诗人泰戈尔说过："当鸟翼系上了黄金时，就飞不远了"。放松是生活时时面对的清醒选择，学会放松才能卸下人生的种种包袱，轻装上阵，安然地等待生活的转机，渡过风风雨雨；懂得放弃，才拥有一份成熟，才会活得更加充实、坦然和轻松。

宋朝的吕蒙正，被皇帝任命为副相。第一次上朝时，人群里突然有人大声讥讽道："哈哈，这种模样的人，也可以入朝为相啊？"可吕蒙正却像没有听见一样，继续往前走。然而，跟随在他身后的几个官员，却为他鸣起不平来，拉住他的衣角，一定要帮他查出究竟是谁如此大胆，敢在朝堂上讥讽刚上任的宰相。吕蒙正却推开那几个官员说："谢谢你们的好意，我为什么要知道是谁在背后说那些不中听的话呢？倘若一旦知道了是谁，那么一生都会放不下的，以后怎么安心地处理朝中的事？"

吕蒙正之所以能成为大宋的一代名相，其根源正是他有能"放下一切荣辱"的胸襟。

有一首流传非常广泛的谚语："为了得到一根铁钉，我们失去了一块马蹄；为了得到一块马蹄铁，我们失去了一匹骏马；为了得到一匹骏马，我们失去一名骑手；为了得到一名骑手，我们失去了一场战争的胜利。"

为了一根铁钉而输掉一场战争，这正是不懂得及早放弃的恶果。

生活中，有时不好的境遇会不期而至，搞得我们猝不及防，此时我们更要学会放弃。

智者曰：“两弊相衡取其轻，两利相权取其重。”

古人云：“塞翁失马，焉知非福。”选择是量力而行的睿智和远见，放弃是顾全大局的果断和胆识。

人生如戏，每个人都是自己生命唯一的导演，只有学会选择和放弃的人才能够彻悟人生，笑看人生，拥有海阔天空的人生境界。

有个人刚刚参加了一个特别的葬礼：一位在某医院工作、年仅二十多岁的女孩，由于长达五年的恋爱失败而自杀，那个女孩不仅生得美丽善良、孝顺父母，而且有着令人羡慕的稳定工作。在沉痛的哀乐声中那个人泪流满面，她白发苍苍、心力交瘁的老父老母更是痛不欲生，生前的亲朋好友也都低声哭泣为之惋惜。那个女孩在人生的转折处做了一个错误的抉择：“她选择了在痛苦中静静地离去，在静静的离去中摆脱痛苦。”然而，这个女孩的这种做法却给活着的亲朋好友留下了更多的痛苦。

其实，如果她能看得开，能够放下心头的这个包袱，事情也许会是另外一种结局。人生为何不看开一点呢？

在许多时候，我们都会讨论一个共同而永久的话题：“人的一生该怎样才能够让自己拥有快乐？”从乡野莽夫到名人圣贤，各个阶层、不同经历的人都会有各自独特精辟的观点：“有的人会以舍生取义精忠报国为乐；有的人会以不断进取来实现自己的理想为乐；也有的人会以不择手段来满足一己之欲为乐……”其实一个人要想获得真正的快乐，只有卸下装在身上的包袱，只有用心来玩赏的快乐、用心来体验的快乐才是真正的快乐。

尽管人生短暂但却如此美妙和精彩，那就让我们的身心减少些包袱，让我们热情地去拥抱生活，让我们学会用心去采集人生道路上的激情浪漫，让我们懂得用心去玩赏人生道路上的快乐之花。如此这般，我们的人生将会变得绚丽多姿！我们的人世间将会充满幸福和快乐！

生活中，你遇到越多的诋毁和指责，有时反而更能证明你自身的价值。每一个前进的人都会受到阻拦，这是社会的游戏规则，也是人性。屏幕硬汉施瓦辛格竞选州长时，也面对了各种刁难和中伤，可他选择了放弃很多为自己辩解的时机，这样反而更增加了他在选民中的人格魅力，赢得了更多的信赖和支持，并最终获得了胜利。

不但竞选是这样，并且现实生活也是如此。自己想做什么事，就一心一意地去实现它。对出现的阻挠，不要介意，把它们当作生活中的琐屑之事，停一停，摆一摆，暂时卸下这些包袱，让自己放松一下，这样就会风平浪静，一切就会过去。

人生箴言

选择放弃成就了自我，其实，放弃不只是一种豪气，也是更深层面的进取，又何尝不是一种生存的智慧呢？

活在当下，快乐无限

活在当下，在心理学上叫“此时此地”。“明日复明日，明日何其多，我生待明日，万事成蹉跎。”明日永远都不会来，因为来的时候已经是今天。只有今天才是我们生命中最重要的一天；只有今天才是我们生命中唯一可以把握的一天；只有今天才是我们唯一可以用来超越对手，超越自己的唯一一天。

“对酒当歌，人生几何?”人活百岁，不过三万多天，白驹过隙，忽然而已。如果夸张而简明言之，人一辈子不过有三天，即昨天、今天、明天。昨天是作废的证票，是过去的历史，是无法改变的；明天是未到期的证票，是未兑现的事实，是无法预测的；只有今天才是可以把握的，是最现实的。

曾看过这样一个故事：在一所寺院里，有一个小和尚，每天早上负责清扫寺院里的落叶。清晨起床扫落叶实在是一件苦差事，特别是在秋冬之际，每一次起风时，树叶总会随风飞舞。每天早上都需要花费许多时间才能清扫完树叶，这让小和尚头痛不已。于是，他就一直想要找个好办法，可以让自己轻松些。

这时有个和尚跟他说：“你在明天打扫之前先用力摇树，把落叶统统摇下来，后天就可以不用扫落叶了。”小和尚感觉这是个很好的办法，于是隔天他起了个大早，使劲儿地摇树，这样他就可以把今天与明天的落叶一次扫干净了。一整天小和尚都非常开心。第二天，小和尚到院子里一看，不禁傻眼了：院子里还是和往常一样，落叶满地。

这时，老和尚走了过来，对小和尚说：“傻孩子，不管你今天怎么用力，明天的落叶还是会飘下来的。”小和尚终于明白了，世上有许多事情都是无法提前的，要想拥有最真实的人生态度，只有认真快乐地活在当下。

曾经有一位特别富有的国王，他不但拥有无尽的财富、美丽的妻子、可爱的儿子，家庭生活十分美满。但是这一切对于他来说根本就感觉不到快乐，一直不快乐。

有一天他把医生找来，说："我怎么这样不快乐呢？请你让我在很短的时间内快乐起来，那样你就可以得到我一半的财富，如果你不能做到，我就把你杀了。"

这位医生听后便慌了起来。这该怎么办才好呢？要怎么样才能让一个人快乐呢？他想了半天也没想出什么办法，就对国王说："尊敬的国王，我需要静心，要回去参照一下古代的经典，以及以前的医学，看看有什么方法，明天来告诉你。"

国王说："好啊，你回去查吧。"

这个医生回去就头痛了，心想："该怎么办呢？如何才能让他在较短的时间内快乐起来呢？"这个医生像疯了似的自言自语道："如果我做不到的话，他真的会不放过我的。"他想了一个晚上，第二天早上，他得出了一个结论："其实这个问题并不难。"

他对国王说："我找到了一个很好的方法。你只要把这个国家最快乐的人的衬衣穿上，你就会快乐了。"

听到这个方法，国王很高兴，于是就对总管说："去找一个快乐的人，并尽快把他的衬衫带来给我。"

于是，总管出发了，他想："什么人才快乐呢？应该是有不愁吃穿的人才快乐。"

他就到了一家不愁吃穿的人家里，讲了这件事情。那个不愁吃穿的人说："可以啊，你要拿多少衣服，吃多少东西都可以，但我实话告诉你，我一点都不快乐。我还很感谢你告诉了我这个方法，我也要我的家人去找这个最快乐的人的衬衣。"

总管又去找了很多人，但是大家都感受不到快乐。总管知道自己上当了，那个医生的问题现在变成了他的问题。他有麻烦了，怎么办呢？

这时有一个人跟他说：“总管大人，别担心，我知道一个快乐的人，你也应该知道这个人，他每天晚上都在河边吹笛子，他的笛声非常优美且又特别动听，他一定是一个很快乐的人。”

总管一听，说：“对啊，有时候在深黑的夜晚，我陶醉在他的笛声里，那些曲调是那么美。这个人是谁啊？他在哪里呢？”

那人说：“到了晚上，我们就可以去河边寻找他，他每个晚上都出现。”

第二天晚上，那个吹笛子的又出现了，他的笛声有着无与伦比的美，每个音符都充满了喜悦。

总管格外高兴，“我终于找到这个人了。”

当总管到达河边时，那个人正在吹笛子，那个吹笛子的人问那个总管说：“你想要做什么？”

那个总管问：“你快乐吗？”

吹笛子的人说：“我很快乐，我就是快乐。你想要做什么？”

那个总管高兴得手舞足蹈地说：“你只要给我你的衬衫就好了。”

这个人安静不语，总管就说了：“你为什么不说话？给我你的衬衫！我的主人需要它。”

这个人说：“那是不可能的，因为我没有任何衬衫。你现在看不到是因为夜晚太黑了，但事实上，我是赤裸裸地坐在这里。如果我有的话，我可以给你们衬衫，我甚至可以给你我的生命，但我没有任何衬衫。”

总管问：“那你为什么感到快乐？你怎么能快乐得起来呢？”

这个人说：“每天无论什么时候，当我放下所有的东西时，我就变得非常快乐。”

我们要为现在而活，你所拥有的只是现在。内心的平静，工作的成绩，都决定于我们要怎样活在现在这一刻。不论昨天曾发生过什么事，也不论明天有什么即将来临，你永远置身“现在”。从这个观点来看，快乐与满足的秘诀，就是全心全意集中于现在的每一分、每一秒之上。过去的烦恼、未来的忧虑，全都挤到现在，使我们的生活悲惨、效率低落。我们也要学会把快乐延伸到学会享受，因为我们有时会认为未来的情况会比现在好。快乐应寓于创造中，应寓于自得其乐的生活中。

有一支淘金的队伍，在沙漠中艰难地行走，大家的步伐都很沉重，因为带的东西太多，所以大家都痛苦不堪。然而，有一个人却在快乐地走着，别人问他："你为何如此惬意？"

他笑着说："因为我带的东西最少。"

其实快乐就是这么简单，拥有少一点就可以了。人生的光彩在哪里？早上醒来，光彩在脸上，就是要我们充满笑容地迎接未来。到了中午，光彩在腰上，是让我们挺直腰杆活在当下。到了晚上，光彩在脚上，也是让我们脚踏实地地做好自己。

人生箴言

乐由心生，其实拥有快乐是非常简单的，关键在于你怎么想。也许今天看来很严重，而为此过分担心，心神不宁，或许到明天想想真的没什么，不必太在意，只要尽了自己最大的努力也就够了。生活中令人难忘的美好东西很多，只要你敞开心胸，驱逐那些让人不愉快的记忆，让心灵的底版多拥有真善美的写真。你就会由衷地感到快乐，加倍珍惜自己所拥有的，快乐地活在当下，这就是幸福的人生。

解开心“结”，成就自己

心结是心里解不开的疙瘩，是心里放不下的事情，是内心所受的一种压抑，也就是通常所说的一种心病。比如，当某人说了你不喜欢的话时，如果我们不知道他为什么要这样说而感到恼怒，此时，一个疙瘩就在我们心中形成了。

在日本，有一个武士名叫宾卑聚，一天晚上做梦时梦到一个强壮的男子，戴着白色丝绸的帽子，缀红色彩绘的帽带，穿大布衣服，新白鞋子，佩黑色的剑鞘，向他叱责，往他脸上吐唾沫，他就惊慌地醒了过来，其实这只不过是一个梦而已，但是他却一整夜坐在那里很不开心，而且一夜都没有再睡着。

第二天一早起来，他就叫来了他的朋友说：“我从小就很好胜，到今天六十岁了没有受过挫败羞辱，昨天晚上我受辱了，我一定要找到那个样子的人，找到了还好，如果找不到的话那我就死了算了。”于是，每天清早他都要朋友陪他站在大路口等那样的人出现，结果等了三天还没是没有找到，回去后他就真的自杀了。

真可谓多大能耐也救不了他。因为气量太小，所以他自己害了自己，这只能说是他自取灭亡。

其实，许多事情只要卸下思想上的包袱，想通了，就不是什么烦心的事了，只有会解思想上的“结”，人生才能走得更轻松，才能得到更多的幸福和快乐。下面看看刘先生的经历：

刘先生怎么也想不通自己的妻子会背叛自己，因为一直以来他们的夫妻感情都是被别人所称道的。可是人活一世，难免会一不小心走了神，妻子就是走了神才做了错事的，当刘先生听妻子说出事情原因的时候，他半晌也没回过神来，好一会儿，两行清泪才从他木然的眼中流了出来，他痛心疾首地对妻子说："你已经知道错了，也知道要改，还要告诉我做什么？你知道你现在是轻松了，已经放下了，我呢，我的心却已经背上了包袱。"

此后，刘先生常在心里一遍一遍地对自己说，妻子已经认过错了，算了，原谅她吧。可是内心深处刘先生还是原谅不了自己的妻子，在一个人的时候，他的脑海里总会一遍又一遍地浮现出妻子与别的男人在一起的镜头。他想到了离婚，只有这样他才能走出妻子偶然出轨的阴影。

说离婚容易，真的离却很难，因为刘先生不是个没有责任心的男人，每每一面对儿子妻子他又开不了口了，只是让心一天天地郁结。

一天，刘先生的朋友约他去玩，坐在朋友的车上，他看到车窗前挂着一个漂亮的中国结，他拿到手上把玩，不知为何他这时想到了妻子，因为妻子原来喜欢用线来编连环络子，曾经还特意为他编过一个。想到妻子，他的心就痛起来，不由得在中国结上左勾一下右引一下的，不一会儿，这只看起来挺复杂的中国结竟然让他给解开了，成了一根长长的线。朋友见他把中国结解开了，不由得感慨地说："再复杂的结都是一根线编的，可是人心中的结有时怎么就会打不开呢？"

听了朋友的话，刘先生不由得心头一激灵，他忽然发现自己的苦恨怨憎其实就是因为自己的心放不开，成了一个结，现在看到线，终于想通了，一个无论怎样复杂的结，最终还是来自一条简简单单的线，是人把线变成了结，又是人把结变成了线，成结成线原来在人自己，想到这儿他不由得笑了。

从此以后，刘先生再没想过离婚，而且跟妻子感情一日好过一日，因为他的心中没有了结只有了线，一根爱和责任的线，一头连着妻子，一头连着他。

下面也是同样的一个解开心结的例子。

刚刚毕业不久的小李在候车室里认识了一位异乡的朋友，简单的几句问候，他便谈到他此次出门的原因。他是在百忙之中放下自己经营的公司而看望一位挚友来的。他谈到这位朋友，话语中便多了几分感叹和无奈。他原本很恨他，只因他刚进去一家公司做事，便在一次小小失误中，被这位担任领导的朋友扣除了20％的奖金，还成了被通告的人物，他愤愤不平，以后的工作中，不管他的朋友怎样努力地想解除一切的误会，他都固执得连问声好都觉得是奢侈的事情。但渐渐地，他开始发觉，朋友会在同事生日会上小心翼翼地留一块蛋糕给加班加点的他，在端午节的日子，为他煞费苦心地包两个粽子，在炎炎夏日，恰到好处地在他零乱的办公桌上放几颗鲜嫩的荔枝，为他熬夜悄悄修改不甚完美的文案。在一个节假日的午后，他跟他这位诚恳的上司说了三个月来的第一句话，谢谢！他看见他那惊喜的表情，孩子气十足得地叫了一声“万岁”！他笑了，从此，公司里就多了一对共欢乐同奋斗的兄弟。

“我们是在上一年度的体检中知道他得绝症的，是晚期肺癌。”说到这里，小李看到了这位老乡潮红的眼睛。“医生说他最多只能再坚持一个月的时间——我想陪陪他，就谈谈以前，谈我怎么恨他，又怎么原谅他。”

“你应该还有许多公司的事情要处理吧?”小李问。“我可以用我一生的时间陪伴我的公司，但我只有一个月的时间和我的朋友一起度过。”他重复了最后一句话，孩子气地努力在疼痛中使自己微笑着。

死结，在细心与努力中，终究会有解开的一天！而解开的那一天，也就是心情轻松愉快的开始。

解开一个心结，人生就走进了另一种世界，时间可以改变一些东西，时间可以让我们忘掉那一时的不快，持续的不爽，时间会给我们时间去解开一些心结。

很多时候，人心中的结并非解不开，而是不愿意解开而已。那是自己生命中的一部分呀！谁都愿意将这一切埋在心中，多年以后，当成一种温馨的回忆，一种记录了生活的无奈的回忆，一份对生命的执着的回忆。

人生箴言

生命固然需要执着，但执着过了头就是固执。一个固执的人终究会因为太多的固执而失去太多。所以，要有结果才能坚持，固执的人坚持去为没有结局、没有收获的故事去努力，去付出，只会让自己的生命多一份遗憾，多一份失落！

营造自我，快乐无限

相信每一个人都有这样的经历：某些时候，会在不知不觉中心情不好。影响到你无心做事，一个人闷闷不乐地傻坐着，脑子里一片空白，不知这种情绪从何而来，因何事而来，总之，坐着坐着，说不痛快就不痛快了，可能潜意识里，有某种自己还没细细品味的原因，它已在心中捣鬼，破坏你的情绪。

光阴流转，人生易逝，面对来自各方面的压力，对于每个人来说，心情就有了特别的意义。如果心情爽朗愉快，不仅生活和工作有劲头，有奔头，就连走起路来也会轻盈，敏捷；倘若心情郁闷沉重，生活的滋味就毫无享受可言。尤其是刚刚走出校门的毕业生，由于缺乏社会的自我调节，在遇到这种情况时往往不知道如何处理。

其实，一个人的心情怎样，情绪如何，是受诸多因素影响的。这就需要自己学会调解，学会放松。

当心情烦躁不安的时候，不妨听听优美的音乐。音乐相对于其他艺术形式有其独特的魅力。虽说都是传播生命之美的媒介，但它往往能给予人一种心灵上的启迪和共鸣。音乐是人的情感最直接的表现，你对美好生活的深深的爱都寄情在那些动人的歌声中。这些歌和我们的心灵结成一体，成为我们最难忘、最动情的记忆。

当心情有些悲伤沉重的时候，不妨翻阅一下杂志，读上几段自己喜欢的文章。此时的你就会感到心海沉稳，潜潜地动，默默地流，仿佛在文章的字里行间慢慢地升腾出一股绚丽的情愫，吹动你的心情，激发起你的情感，驱散你心中的几多悲伤，填补上几许慰藉。

学会自我调解情绪，无论是自觉不自觉，经意不经意，都会产生好心情，使不安、烦躁、悲伤、沉重的心情，变得开朗、平静、愉悦。

曾有个人，他生活得很不快乐，别人问他是哪些方面的，他说也说不清。总之，从孩子到家庭到工作，都不顺心。

对这个人的看法，也许大多数人不敢苟同。当然，人生在世，不如意之事十之八九。一个人要想事事如意、处处顺心、一帆风顺、青云直上，那是不可能的，简直无异于天方夜谭。要想快乐，关键在于我们自己。快乐是一种心境，要靠我们用心去营造。

对于快乐，并没有一个统一的标准。不同的人，会有不同的看法，不同的境遇，也会有不同的理解。大家都觉得有钱的人应该快乐，其实有钱人的烦恼远比一般人要多得多，不是担心“后院起火”，就是担心有人图财害命，远没有平民百姓活得开心和消闲自在。世上的事就是这样，快乐是不能用金钱来衡量的。有钱的不一定快乐，没钱的不一定不快乐。一个人曾因为没有鞋穿而苦恼，直到有一天他碰到一个没有腿的人，他才感到和没有腿的人比起来，即使没有鞋，也很快乐。人生苦短，苦也是活，乐也是活，何不活得快乐一些呢？别人如果对不起你，你没有办法，但你不能对不起自己，更不要自己跟自己过不去。否则，即使在别人看来是很快乐的事，你也会觉得很烦恼。

快乐是淡泊名利。试想，那些终日处心积虑、追名逐利的人，哪有什么快乐可言！只有那些不争名、不争利，淡泊人生、宁静致远的人，才能快乐一生。

快乐是给予。那些只知索取，不知给予的人，是不会快乐的。即使他们得到快乐，也只是一时的，决不会是长久的。只有那些乐于奉献，乐于助人，乐于给予的人才会永远快乐。

快乐是善良。只有善良的人才会快乐。心存邪恶的人是不会快乐的。与人为善、真诚待人是快乐之本。

快乐是坚强。有一个叫赵然的女孩，她还不满十七岁，在身患癌症，做过三次手术、十几次化疗的情况下，仍然坚强快乐，就是在告别人世之际，依然把她永恒的微笑留给了我们。一个十几岁的女孩，教会了我们这些成年人如何直面人生，如何创造快乐。她的坚强，她的快乐，令我们这些仍然活着的人深思。思索快乐，思索人生。

快乐不是与生俱来的。快乐需要寻找，需要营造。只要我们用心寻找，精心营造，一句问候，一个微笑，一件小礼物，甚至一个会意的眼神，都会成为快乐的源泉。

有一个美国商人坐在墨西哥海边一个小渔村的码头上，看着一个墨西哥渔夫划着一只小船靠岸。小船上有好几条大黄鱼，这个美国商人对墨西哥渔夫能抓这么高档的鱼而感到惊讶，问要多少时间才能抓这么多？渔夫说，才一会儿工夫就抓到了。美国人惊奇地问："你为什么不待久一点，好多抓一些鱼？"那渔夫却笑着回答说："这些鱼已经足够我一家人生活所需了！"

于是，美国人又问："那么你剩余的时间都在干什么？"墨西哥渔夫告诉他："我每天睡到自然醒，出海抓几条鱼，回来后跟孩子们玩一玩，再懒懒地睡个午觉，黄昏时晃到村子里喝点小酒，跟哥们儿玩玩吉他，我的日子过得可是快乐又忙碌呢！"

美国人以他的心思，帮他出主意说："我是美国麻省大学企管硕士，我认为，你应该每天多花一些时间抓鱼，到时候你就有钱去买条大一点的船。等有了大船后，你自然就能够抓更多的鱼，再买更多渔船。然后你就可以拥有一个渔船队。到时候你就能够控制整个生产、加工处理和行销。最后你可以不要待在这个小渔村，搬到城里，然后到纽约。在那里经营你不断扩充的企业。"

墨西哥渔夫问："这要花多长时间呢？"

美国人回答："15 到 20 年。"

"然后呢？"

美国人得意地说："然后你就可以在家快活啦！等时机一到，你就可以宣布股票上市，把你公司的股份卖给投资大众，到时候你就有数不完的钱！"

"然后呢？"

美国人说："到那个时候你就可以享受生活啦！你可以搬到海边的小渔村去住。每天睡到自然醒，出海随便抓几条鱼，跟孩子们玩玩，再跟老婆睡个午觉，黄昏时，晃到村子里喝点小酒，跟哥儿们玩玩吉他！"

墨西哥渔夫疑惑地说："我现在不就是这样了吗？"

对于这位渔夫来说，现在的生活就是很快乐的。快乐是因人而异的，如果你认为你的生活是快乐的，那么你就会过得很快乐，快乐是自己来营造的。

人生箴言

人的心灵是脆弱的，需要经常地激励与抚慰。常常自我激励，自我表扬，会使心灵快乐无比。学会给心灵松绑，就是要给自己营造一个温馨的港湾，常常走进去为自己忙碌疲惫的心灵做做按摩，使心灵的各个零件经常得到维护和保养。

放弃其实也是一种人生

曾看到这样一幅对联：“得失失得，何必患得患失。舍得得舍，不妨不舍不得。“也许人生的过程就是一个不断放弃，又不断得到的过程。关键是要学会放弃，因为放弃，也是人生的一种选择。

放弃一颗树，你会得到整个森林！放弃一滴水，你就拥有整个大海！放弃一片洼地，你就会占领一座高山！况且有些事情放弃了并不等于失去，当你放弃了对梦的追求，回归现实，你会发现那美好的一天正等待着你，并为你敞开了一扇通往未来的大门。

有只狐狸被猎人用套套住了一只爪子，它毫不迟疑地咬断了那只小腿，然后逃命。放弃一只腿而保全一条生命，这是好死不如贱活式的哲学。人生亦应如此，在生活强迫我们必须付出惨痛的代价以前，主动放弃局部利益而保全整体利益是最明智的选择。智者曰：“两弊相权取其轻，两利相权取其重。”趋利避害，这也正是放弃的实质。

在欧洲，有一首流传很广的格言：为了得到一根铁钉，我们失去了一块马蹄铁；为了得到一块马蹄铁，我们失去了一匹骏马；为了得到一匹骏马，我们失去一名骑手；为了得到一名骑手，我们失去了一场战争的胜利。

为了一根铁钉而输掉一场战争，这正是不懂得及早放弃的恶果。

生活中，常有不好的境遇会不期而至，搞得我们猝不及防，这时我们更要学会放弃。放弃焦躁性急的心理，安然地等待生活的转机，让自己对生活对人生有一种超然的关照，即使我们达不到这种境界，我们也要在学会放弃中，争取活得洒脱一些。

在人生的旅途中，需要我们放弃的东西很多，古人云，鱼与熊掌不可兼得。如果不是我们应该拥有的，我们就要学会放弃。几十年的人生旅途，会有山山水水，风风雨雨，有所得也必然有所失，只有我们学会了放弃，我们才拥有一份成熟，才会活得更加充实、坦然和轻松。

比如大学毕业分手的那一刻，当同窗数载的朋友紧握双手，互相轻声说保重的时候，每个人都止不住泪流满面……放弃一段友谊固然会于心不忍，但是每个人毕竟都有各自的旅程，我们又怎能长相厮守呢？固守着一位朋友，只会挡住我们人生旅程的视线，让我们错过一些更为美好的人生山水。学会放弃，我们就有可能拥有更为广阔的友情天空。

放弃一段恋情也是困难的，尤其是放弃一场刻骨铭心的恋情。但是既然那段岁月已悠然遁去，既然那个背景已渐行渐远，又何必要在一个地点苦苦地守望呢？不如冷静地后退一步，学会放弃，一切又会柳暗花明。

在日常生活中，当你与人发生矛盾或冲突时，只要不是什么原则问题，你完全可以放弃争强好胜的心理，甚至甘拜下风，就可能化干戈为玉帛，避免两败俱伤；当你在家庭生活中发生摩擦时，放弃争执，保持缄默，就可以唤起对方的恻隐之心，使家庭保持和睦温馨。

以前有一位国王，他缺手断腿，但很想将他那副尊容画下来，留给后代子民瞻仰，就请来全国最好的画家。那个画家的确是第一流的，画得很逼真，栩栩如生，很传神，但是国王看了之后很难过，说："我这么一副残缺相，怎么传得下去！"就把他给杀了。于是又请来第二位画家，第二位因有前车之鉴，不敢据实作画，就把他画得圆满无缺，把缺的手补上去，把断的腿补上去，国王看了之后更难过，说："这个不是我，你在讽刺我。"又把他给杀了。后来又请来第三个画家，第三个画家怎么办呢？写实派的给杀了，完美派的又给杀了，想了好久，画家急中生智，画他单腿跪下闭住一只眼瞄准射击，把他的优点全部暴露，把他的缺点全部掩盖，这就叫作"隐恶扬善”。这个故事其实在告诉我们要“隐恶扬善”，多讲人家好的那一面是对的。

批评别人是错误的，表面上你批评别人好像占了便宜，其实错了，失得都是一样，有得就有失，得就是失，失就是得，所以一个人到最高的境界，应该是无得无失。但是人们非常可怜，都是患得患失，我们的心，就像钟摆一样，得失、得失，就这么样摆，非常痛苦。塞翁失马，你怎晓得是福还是祸呢？所以，在得失之间，不要把它看得太重。

任何一个成功者，不仅要敢于梦想，敢于追求，敢于迎接各种各样的挑战，敢于为实现自己的目标去努力进取，还要学会选择和放弃。

比尔·盖茨中学毕业的时候，他父母对他说：“哈佛大学是美国高等学府中历史最悠久的大学之一，是一个充满魅力的地方，是成功、权力、影响、伟大等等的象征和集中体现。你必须读一所大学，而哈佛是最好的。它对你的一生都会有好处。”

盖茨听从了父母的劝告，进了美国最著名的哈佛大学。他当时填的专业是法律专业，但他其实并不想继承父业去当一名律师。

盖茨真正的兴趣在电脑上。他曾同朋友一起认真地讨论过创办自己的软件公司。他认定“电脑很快就会像电视机一样进入千家万户，而这些不计其数的电脑都会需要软件”。

大学二年级的时候，比尔·盖茨终于向父母说了他一直想说的话：“我想退学。”

他的父母听了非常吃惊，也非常伤心。但他们无法说服盖茨改变主意。于是，他们请了一位受人尊敬的商业界领袖去说服盖茨。

盖茨在同这位商业巨头会面的过程中像个布道者一样滔滔不绝地向他讲述自己的梦想、希望和正在着手做的一切。这位商业巨头不知不觉地被感染了，仿佛又回到了自己当年白手起家的创业时代。他忘记了自己的使命，反而鼓励盖茨："你已经看到了一个新纪元的开始，而且正在开创这一个伟大的时刻。好好干吧，小伙子。"

父母无奈，只得同意了盖茨的要求。

从此，盖茨一心一意地投身于自己的电脑软件领域中，他真的在梦想成真的成功之路上，开创了世界瞩目的业绩。

一个成功者，或者一个有着明确的奋斗目标的人，之所以舍得放弃那些在旁人看来是来之不易的东西，是因为他们真正地明白自己想要的究竟是什么。

人生箴言

能够放弃也是一种跨越，当你能够放弃一切做到简单从容活着的时候，你生命的低谷就过去了。

“老二”其实也挺好

相信每一个刚刚走出校门的毕业生，他们心中都有一个宏伟的梦想：做一位强者，一位站在金字塔顶端的成功人士。但是理想往往与现实有着很大的差距，其实有的时候，做老二比做老大要好。做老二有做老二的妙处，老二是避风港，老二是根据地，老二可进可退……

几年前看过一篇工商人物的专访报道，受访者是一位电脑业的老板，这位老板在提到他的企业与另一家企业孰大孰小的问题时，他说他不想去跟那一家比，也不必去跟它比，他强调他采取的是“老二政策”。他说，当“老大”不容易，因为不论研发、行销、人员、设备，都要比别人强，为了怕被别的公司赶超过去，便不断地扩充、投资；换句话说就是要花很多力气来维护“老大”的地位。他认为这样做太辛苦了，而且一旦出现问题，不但老大当不成，甚至连想当老二都不可能。

这只是他个人的想法，因为并不是当“老大”就一定会很辛苦，有人就当得轻松愉快，因此，当老大、老二或老三完全是观念问题。不过这位老板所说的却也是事实——当“老大”的确要费很多力气来维持“老大”的地位。

不但从事企业经营如此，上班拿薪水也一样，像主管就是该部门的“老大”，这个老大为了保住他的位子，不但要好好带领手下，还要和上级搞好关系，以免位子不保。有成绩的时候，主管当然功劳第一，但当有过失时，主管同样也是首当其冲。而当副主管的就没这么多麻烦，表面上看来他不如主管，但因为上有主管遮风挡雨，可省下很多辛苦，所以很多人宁可当副手而不愿当主管。有人当副手时没事，一当主管就身心俱疲，可见当“老大”的难处。

说了这么多，并没有不让你当老大的意思，如果你有当老大的本事，也有当老大的兴趣和机会，那么就去当吧。但如果你自认能力有限，个性懒散，那么就算有机会，也不要去当老大，因为当得好则好，没当好一下子变成老三老四，不但对自己是个打击，更会造成这样的评价：“某某人不行”“某某人下台了，听说很惨”……这些评价对你都是不利的。中国人一向扶旺不扶衰，你一旦从“老大”的位子摔下来，就会有人落井下石，于是本来还可当老二的，却连当老三老四都有问题了。经营企业也是如此，“龙头老大”的位子一旦不保，就会给人“某某公司倒了”的印象，于是兵败如山倒，想力挽狂澜恐怕就没有那么容易。所以，当“老二”的确也有其实际的地方，这也就是许多人宁当“老二”不当“老大”的原因所在。

其实当“老二”还有其他的好处：

（1）静看“老大”如何构筑、巩固、维护他的地位，成功与失败，均可作为你的经验和目标。

（2）可趁此机会培养自己的实力，以迎接当“老大”的机会（假如你有当“老大”的意愿的话）。

（3）因为志不在当“老大”，所以就不会太急切，造成得失心太重，不会勉强自己去做力不从心的事情，反而能保全自己，也会降低失败的概率。

人生箴言

做事或做人，无论从老二、老三或老五做起都没有关系，就是先不要当“老大”。如能好好地当“老二”，当主客观条件具备时，自然就会变成“老大”，这个时候的老大才是真正的老大。

第四章

讲“礼”，让你惊艳全场

中国，素以礼仪之邦自诩。礼，少不得有财货的成分，但是，仪．却不只是容仪，更有心仪。不只是巧言令色，胁肩媚笑，还有真诚的钦佩感激。这就是中国传统文化中“礼的精神”了。“投之以木瓜，报之以桃李”，就是“礼尚往来”之道。

有“礼”行遍天下

中国，是世界上四大文明古国之一，中华民族自古以来就是名重八方的礼仪之邦。礼仪，作为一个人综合素质文明程度的最直接体现，其重要性是不言而喻的。礼仪是人类文明的标尺，礼仪是一个民族精神的展现，礼仪是一个企业光明前途的动力，礼仪是一个人素质修养的证明。要知道，注重仪表形象，养成文明习惯，掌握交往礼仪，融洽人际关系，这是我们每一个人人生旅途中的必修课。

想一下，生活在这样一个讲“礼”的环境里，假如我们不讲“礼”，简直就是寸步难行，被人唾弃。比如“以礼服人”“礼多人不怪”，这都是中国的古老格言，它在今天仍有十分实际的效果。

不管做事或做人都应以礼相待，在尊重别人的同时，也是尊重自己。

随着经济的高速发展与社会的不断进步，礼仪的社会功能和作用更加彰显，已成为现代人的处世艺术，成功者的潜在资本，是构建和谐社会的重要基础和有力支撑。维护和睦家庭、拥有和美生活、建设和谐社会都需要礼仪，社会呼唤礼仪。

礼仪就像阳光雨露，是心灵的鲜花，我们作为家庭的守护者，该怎么办？礼仪首先是给自己的。不要轻易对自己发无名之火，让心情阳光一点，对别人也会热情一点。然后，礼仪是给予最亲近的人的。自己家里的父母、妻子、丈夫、儿子，我们或许会认为对太亲近的人客套不好意思，其实，家里人因为太熟悉太亲近了，恰恰是最需要以礼相待的。一句谢谢，一句我爱你，是百听不厌的话语。在人群中，一定会有人因为孩子不够有礼貌而感到苦恼，那么，我们不妨从自己做起，多用礼貌行为和话语，让孩子在良好的环境中受到感染。

总之，你希望别人怎样对待你，你就要怎样对待别人。当你友好待人的时候，也许不一定每一次都能得到回报，或许暂时还吃亏了，但从长远来看，受益最多的人一定是你自己。还记得著名演员成龙有句名言：吃亏就是赚。正所谓赠人玫瑰，手有余香，一个讲究礼仪的人，也必定能够获得家庭的和美、事业的成功和人际的和谐。

. 以小“礼”换大“利”

在古时候，荀子把“礼”作为最高的道德原则。他说：“人无礼则不生，事无礼则不成，国家无礼则不宁。”儒家讲“礼”，当然是为剥削阶级服务的，但重礼仪，讲礼貌，礼尚往来，在今天的职业活动中仍具有很重要的意义。因为，在有些时候，很可能你的小礼貌就能获得巨大的利益。

孔夫子也说过“不学礼，无以立”。没有礼貌，没有礼物，很难在社会上立足。可能常常不经意的一句话、一个动作就失礼，一个小小的礼物，就得罪他人，无形当中给自己增加很多的阻力。同样的道理，有礼貌的人走到哪儿都能让人家欢喜，增加他自己人生的助力，甚至给他们带来很大的利益。因此，这个礼也可以分为礼貌和礼物两种。

这是一个用礼貌换取大利益的故事：有一个朋友说，那天他有一个很重要的客户，他必须在 10 分钟内赶到饭店。但在海关检查时会花费很长的时间，所以很担心自己会误点。海关人员每天要检查的人数有多少？诸位朋友您想想看，几千个人，他们都要做同一个动作，请问你做得到吗？你的耐性有可能维持几千个人吗？所以我们说“人同此心，心同此理”，这些海关人员每天干这个事，其实也很疲累。所以这位朋友到海关检查的时候，证件放上去就给这个海关人员深深地一鞠躬说：你好。这个躬一鞠下去，这个海关人员很快露出灿烂的笑容连看都没看就给他盖了章说：好，赶快过去。你看，有礼貌很吃香的。这个朋友也非常开心，他说孔夫子讲的是事实。

的确如此，有礼貌的人绝对不吃亏，而是会得到很多的益处。就像上文中的这个朋友，正是由于这个小小的礼貌，他的洽谈会开得非常成功。怎么样，小的礼貌也是很重要的吧，因此，要想有大的成功，获取大的利益，就要从小事做起，要讲礼貌。

说到“礼”这个方面，在三国中也有不少的例子，刘备三顾茅庐就完全做到了礼貌，从而获得了利益。当年刘备三顾茅庐地请诸葛亮出山时，关羽和张飞都对他的低三下四颇有微词，可时间不长，二人就对刘备的英明决策佩服不已：若不是刘备如此礼数备至地以诚心打动诸葛亮，他怎会死心塌地地为刘备鞠躬尽瘁？若没有诸葛亮这个人才，刘备的霸业怎成？其实，诸葛亮也未必不知刘禅是一个扶不起的阿斗，但是，因为刘备待自己不薄，也只好兢兢业业地扶植他那怎么也扶不起来的败家儿子了。

俗语说，冰冻三尺，非一日之寒。要交一个人，也得多花点工夫。对待上司或是同事都要以心换心，把礼貌、礼数、礼仪做到位了，对方才能真心对你，才可能会在工作上给你最大的支持和配合，从而获得更大的利益。

因此，一个小礼物就能获得巨大的方便，不仅在我们中国是这样，在德国也是这样。这就充分说明了“礼”的重要性。其实，在这个多变的社会中，我们难免要与礼接触，这个礼当然就是礼貌和礼仪。所以，我们要懂得以小“礼”换取大“利”的技巧。

礼多人不怪

中国，被人称为“礼仪之邦”，结婚有婚礼，过寿有寿礼，祭祀有祭祀礼，丧葬有葬礼；无论是什么礼，都必须要有敬礼，要有礼仪，要有送礼的心，毕竟“礼多人不怪”吗。

这首先说的就是在人与人的交往之中是很讲究”礼多人不怪“的。这个“礼”代表礼貌、礼仪、礼数。

（1）礼多之缓和关系

在与同事的交往中，要注重情理，言谈举止大方得体，对增进彼此的友谊，缓和同事关系是大有益处的。比如，当你掏出香烟时，不要忘了先让一下同事。事虽说不算大，却能让对方感觉到你对他的重视。

（2）礼多之种下善因

在现实生活中，人与人的交往，往往会有磕磕绊绊，当你的礼节到了，对方会碍于情面不便计较，你敬人一尺，最起码人家也会回你一尺的。

(3) 礼多之取得人心

其实，冰冻三尺却非一日之寒，要想交好一个朋友就得多下功夫，把礼貌礼节做到位，对方自然也会尊重你，在工作中就会给予你支持与鼓励。

在平常的生活中，只要你稍稍留意一点，你就会发现，在公司里的红人，没有不讲礼节的，要想建立融洽的人际关系、顺利开展工作就要学着做。

其次，人在职场，也非常注重礼多人不怪。因为礼貌是基本的礼节，凡事讲点礼貌能使求职工作更顺利。

(1) 问候主考官

无论是应聘名声在外、待遇丰厚的大公司，还是默默无名的小公司，求职者首先要过的都是面试考官这一关。因此，在你应聘时，要学会问候每一位考官，这样会在每个考官心中留下好的印象。

(2) 面试之后写封信

你可以在面试之后给应聘公司写封信，说说自己对加盟该公司的渴望，并对人事部门接待自己、考核自己表示感谢。无论你最终是否能获得这一职位，都会让公司对你留下深刻印象，这样就会为今后再次应聘打下良好的基础。

(3) 初来乍到送份礼

常会有一些职场新人总是为无法融入集体而苦恼。其实，要打开陌生同事的心扉不难，只要你表达出了自己的真诚。还是那句话，“礼多人不怪”，初来乍到的新人不妨送点小礼物给同事。礼品不需太贵，几块钱的小工艺品，畅销的口袋书，或自己手工制作的卡片、幸运星皆可。但是，给同事送礼物千万别遗漏了任何人，免得留下人际关系的“隐患”。

(4) 积极帮助新同事

其实，就算是再青涩的新人也会慢慢“熬”成公司元老，从而对工作游刃有余。也许你在进入职场之初，曾经受到过老同事的排挤，但面对公司新人时，应该有宽容、平等的态度。积极帮助新同事，不仅是对公司的贡献，也有助于拓展自己的人际网络，更顺利地开展工作。这样的话，使公司和个人同时得到发展，两全其美，你又何乐而不为？

（5）充分尊重老总的权威

要知道，老总不但是公司最高权力的掌握者，更是公司利益的直接关联者。老总拥有较高的权威，做出的决策才有可能被顺利执行。如果老总失去了公司主心骨的地位，职员势必像一盘散沙，各自为政。因此，为了公司的长远发展，职员可以为公司献计献策，但是，最好不要随意挑战老总的权威。

在三国时期，也是讲究“礼多人不怪”的。有“凤雏”美誉的庞统刚出道时四处碰壁，先是在孙权处求职被拒，后又被刘备以一个小小的县令职务随便打发。为什么？就是因为庞统自视甚高，不讲职场礼仪修养。先是在孙权面前夸夸其谈，还顺便贬了孙权器重的周瑜，惹得孙权极为不快；而且，就是在刘备面前，他也是长揖不拜，给人非常不懂规矩的印象。如果不是他后来要了点小伎俩得以才华展露，他就一辈子在小县令的岗位上郁郁寡欢吧！

虽说时下的年轻人越来越讲究自由和个性，但只要是在职场之中，就必须讲究等级尊卑和职场修养，因为无论是在领导眼中还是同事眼中，自以为不拘小节、不懂礼貌和礼数的家伙，都是非常不受欢迎的。尤其是在面试的时候，如果礼貌工作不到位，你就会因为第一印象太坏而失去入选的机会。

正所谓“礼多人不怪”，只要你稍稍留心一点，就会发现办公室中那些人见人爱的红人们，没有不多礼的。要想建立融洽的人际关系、顺利开展工作，那就学着做个多礼的人吧！

人生箴言

每个人都会在不自觉地犯着一些错误，这些错误如果不及时处理，恐怕迟早会影响我们的生活和工作。因此，感恩的确是我们应该学习的。总之，还是那句俗话：礼多人不怪！

授人玫瑰，手有余香

“授人玫瑰，手留余香”。这句话让大家明白了付出了给予自己也会有快乐。如果只懂得收获，就会失去快乐。生活中常有这样的情况，方便了别人的同时也会给自己带来方便。说到这个典故就不得不说一下汽车销售大事乔·吉拉德的故事。

说到卖汽车，人品重于商品。一个成功的汽车销售商，肯定有着一颗尊重普通人的爱心。

有一天，一位中年妇女从对面的福特汽车销售商场，走进了吉拉德的汽车展销室。她说自己很想买一辆白色的福特车，就像她表姐开的那辆。可是在福特车行，推销商让她过一个小时之后再去，她于是先到这儿来瞧一瞧。

“夫人，欢迎您来看我的车。”吉拉德微笑着说。

妇女兴奋地告诉他：“今天是我55岁的生日，想买一辆白色的福特车送给自己作为生日的礼物。”

“夫人，祝您生日快乐!”吉拉德热情地祝贺道。随后，他轻声地向身边的助手交代了几句。

吉拉德领着夫人从一辆辆新车面前慢慢走过，边看边介绍。在来到一辆雪佛莱车前时，他说：“夫人，您对白色情有独钟，瞧这辆双门式轿车，也是白色的。”

就在这时，助手走了进来，把一束玫瑰花交给了吉拉德。他把这束漂亮的花送给夫人，再次对她的生日表示祝贺。夫人感动得热泪盈眶. 非常激动地说：“先生，太感谢您了，已经很久没有人给我送过礼物了。刚才那位福特车的推销商看到我开着一辆旧车，一定以为我买不起新车，所以在我提出要看一看车时，他就推辞说需要出去收一笔钱，我只好上您这儿来等他。现在想一想，也不一定非要买福特车不可。”后来，这位妇女就在吉拉德那儿买了一辆白色的雪佛莱轿车。

虽然，我们不能说这位夫人因为这束玫瑰而决定买吉拉德的汽车，但那至少是有一定关联的。因为，这虽然只是一朵玫瑰，但体现出的却是一种关心与温暖，是能打动人内心的。

人生箴言

予人玫瑰，手留余香；帮助他人，升华自我。让我们大家都来做一个传递玫瑰，播撒花香的人。这样，人人都有了玫瑰，人人的手上也都有了玫瑰的芳香。

帮助别人就是帮助自己

爱默生说；“人生最美丽的补偿之一，就是人们真诚地帮助别人之后，同时也帮助了自己。”我们在帮助别人的时候，也就是在帮助我们自己。

英国之所以能成为世界强国，海运事业的高度发达可以说是起到了重大的作用。酒店、咖啡店等地方成了这些闯荡大海的人的必到之地。1960年，劳埃德在英国的泰晤士河边开了一家咖啡馆。很短的时间，这家咖啡馆就成了船老板、商人、船员等聚会的地方，很多信息都在这里交流，这里成了一个信息集散地。

就这样，他们在这里畅谈海外的奇闻轶事，回首航海中的风雨历程。这里有喜怒哀乐，这里有悲欢离合。高兴的人庆贺自己一帆风顺，满载而归；悲伤的人哀叹自己海上遇险，血本无归。

这天，咖啡馆老板劳埃德听到一个海员在喝咖啡的时候说，有一个伦巴第人在搞海运保险。就是这随随便便的一句话，却在劳埃德的心中掀起了波澜。

他心里想：我何不利用现在的条件，与这些老顾客们联手搞一搞海运保险呢？

后来，他把这个计划告诉了别人，很多人都说，这是很危险的，大海无情，海浪很容易把一条大船掀翻的，你赔得起吗？这就等于拿着英镑往大海里扔！

这也让他感到有些犹豫，他又不断地咨询那些从事海上贸易的老板，老板们对此很感兴趣。接着很多船长、船员、货主、商贩等纷纷表示，假如哪个人愿意来搞海运保险，他们都参加。这些人观点明确，在有了保障的前提下，谁都想碰碰运气，哪怕是失败了，也不会血本无归。

因为有了这些人的支持，终于使劳埃德下了决心。保险业开始的时候是不需要很多资金的，只要物色好了机构办事人员，就能开张了。过了不久，“劳埃德保险公司”就在泰晤士河畔成立了。

事实证明，他的保险公司生意一下子就火起来了，昔日一个小小咖啡店的老板，摇身一变，成了保险业的领军人物。

当然，劳埃德保险公司的发展是非常迅速的，他除了海运保险，还发展了大到火箭发送、人造地球卫星、受到战火威胁的超级油轮，小到电影明星的漂亮脸蛋、脱衣舞女的秀腿等业务。真可谓是无所不保，无奇不有。就这样，慢慢地，劳埃德成了英国人引以为豪的世界上最大的保险业巨头！

其实，劳埃德的做法不难理解，而洛克菲勒的举动着实让人吃了一惊。

就在第二次世界大战以后不久，战胜国决定成立一个处理世界事务的联合国。可是联合国设在什么地方，一时间成了一个颇费周张的问题。按理说，联合国的地点应该设在一座繁华的城市。但是，在任何一座繁华的城市建立联合国的总部都必须有大量的土地来建造楼房，而且，这批土地必须花费大量的资金。但是，刚刚起步的联合国总部却无力支付这样一大笔巨款。

正当各国的首脑们颇费踌躇之时，美国的洛克菲勒家族知道了这个消息，立即出 870 万美元的巨资在世界级的大城市纽约买下了一块土地，无偿捐给了联合国，并且同时买下了这块土地周围的全部土地。

当纽约联合国大厦建起来之后，左右周围的土地价格立即飙升上去。没有人能够计算出洛克菲勒家族经营这片土地到底赚回来多少个 870 万美元。但是，洛克菲勒家族之所以能够收获这丰厚的回报，就是因为他们播下了一粒智慧的种子。这是什么？没错，这是睿智，这是胆略，这是智谋。

总之，生活从来不会主动向人们诉说什么，只有时间会告诉人们真理。而且，洛克菲勒家族的成功告诉我们：帮助别人就是帮助自己，要想收获就必须先给予，关键就在于看准了就要大胆地去做。

人生箴言

帮助别人，就是帮助我们自己。当我们对别人特别好的时候，就是我们对自己特别好的时候。这个世界上，我们谁能够离得开谁呢？呼吸着差不多一样的空气，饮用着越来越一样的水，吃着每个人都觉得不那么安全的食物，抱怨着几乎毫无两样的抱怨……我们给予别人最好的，我们最后才会得到更好的。

第五章

要会说话、说好话

你会说话吗？相信只要不是哑巴，谁都会说话。俗话说："会说话的令人笑，不会说话的令人跳。"人与人相处，会说话是一门艺术。当你要向人表达意思时，除了文字、肢体动作外，说话也是一种传达工具。但是说话不当、不得体，也容易在语言上伤害别人，造成人我相处的不和谐。因此，如何说话、说话的场合、分寸的拿捏，都是不容忽视的。正所谓"良言一句三冬暖，恶语伤人六月寒"，假如能在责备的话里带抚慰，批评的话里带赞扬，训诫的话里带推崇，命令的话里含扶掖，让别人听你的话如沐春风，抱着诚恳和平易的心境讲话，一定会到处有人缘，而人缘好可以让你笑傲江湖。

不要太聪明，管好你的嘴

俗话说，一言可以兴邦，一言也可以丧邦。鸟儿被自己的双脚绊住，人会被自己的舌头拖累。有些人由于不会说话往往会因为说错话而自找麻烦。其实，爱说话、喜欢饶舌并不是什么大毛病，只不过古语说的“祸从口出”却一直屡试不爽。虽然不少人即使职业前程栽在了舌头上，还满腹委屈地说：我也没做什么啊？甚至还有人为此丢了性命，这不得不让我们警醒。

从古至今由于不会说话，被舌头误了终生的人也不少，杨修就是其中的一位。

杨修，字德祖，东汉末文学家。出身高门士族，与曹植是好朋友。他博学能言，智识过人，但为人恃才放旷，数犯曹操之忌。曹操表面上对其才华非常赞赏，心甚忌之。虽说曹操爱才不假，但是，一定是可以驾驭之才。像杨修这样恃才狂妄，牙尖嘴利，最终给自己带来了杀身之祸。

杨修这个人，总是自认为绝顶聪明，而且，有事没事就爱炫耀。曹操嫌工匠造的园门太宽了，就在门上写了一个“活”字。其实这种小伎俩，别人未必看不懂，但别人不会扫上司的兴致。杨修一看，赶紧就公布答案，不就是说门太“阔”嘛。后来曹操在一盒点心上写了“一合酥”，杨修又急于表现，告诉大家“一人一口”，分吃了。曹操疑心病重，杀了半夜给自己盖被子的内侍。这事说出去当然不好听，他就谎称是梦中杀人。杨修猜到真相，忍不住在葬礼时感叹：“丞相非在梦中，君乃在梦中耳。”无意知道了他人的隐私，保持沉默好了，这么口无遮拦，四处张扬，只会自找麻烦。杨修非常好为人师。曹操欲考察儿子曹丕和曹植的能力，经常给他俩出出难题。按理说这是家事，别人不好瞎掺和，可是杨修技痒难耐，经常给曹植出招。有人把此事告到曹操那里，杨修的处境会好吗？曹操兵退斜谷时吃了败仗，正在进退游移之间，随口传令以“鸡肋”为夜间口号。杨修非常理解曹操进退两难的心情，猜到他可能会退兵，并教随从准备归程。一时大家都知道曹操欲归之意，纷纷做起了退兵的准备。曹操夜里心烦意乱，看到此情此景，肺都气炸了。他叫杨修前来询问，而且，杨修还振振有词：“鸡肋不是食之无味、弃之可惜吗，由此知王意。”而此时，曹操正怕军心涣散，盛怒之下就斩了杨修。

说到底，我们与人谈话，无非是以下几种目的：或者是为了加深了解，发展相互间的合作关系，或者是托人办事，有求于人，或者是批评别人的错误，使对方弃旧图新；或者申述事情的原委，让对方弄清真相，等等。但要达到上述目的中的任何一种，都必须使对方乐意听你的谈话。我们说话的时候，应该经常考虑，为什么有的人常常被人误解呢？为什么有些人原意是为安慰别人，反而惹起别人的反感呢？为什么有些人原意是赞美别人反而使人以为是讽刺呢？为什么有些人原意是要和别人和好，反而引起一场战争呢？或许，这当中最重要的一点就是说话没有分寸感，可能是用字措辞方面缺乏分寸感，用了不恰当的词句，使对方发生误会，而更多的是说话的表情和声调失去了分寸感。

人生箴言

因为中国人的习惯就是出头椽子先烂，真正世故历练的人，会学着露怯，让自己看上去笨一点，没有那么聪明。而往往职场的新人，会故意装得很聪明，事事都露头，还处处想要教训人。

办公室里说话要小心

相信许多刚刚走入职场的毕业生都有这样的经历，在不知不觉中得罪了同事、领导，归根到底就是不会分场合说话。因为在办公室里，与同事交往离不开语言，可是，你会不会说话呢？俗话说“一句话说得让人跳，一句话说得让人笑”，同样的目的，但表达方式不同，造成的后果大不一样。所以在办公室里如何说话成了一大难题，下面为朋友们介绍四个小秘诀。

第一，不要人云亦云，要学会发出自己的声音。

通常，老板赏识那些有自己头脑和主见的职员。假如你经常只是别人说什么你也说什么的话，那么你在办公室里就很容易被忽视了，你在办公室里的地位也不会很高。要有自己的头脑，无论你在公司的职位怎样，你都应该发出自己的声音，应该敢于说出自己的想法。

第二，有话好好说，切忌把与人交谈当成辩论比赛。

要注意，在办公室里与人相处要友善，说话态度要和气，那怕是有了一定的级别，也不能用命令的口吻与别人说话。可能有时候，大家的意见不能够统一，但是有意见可以保留，对于那些原则性并不很强的问题，没有必要争得你死我活。假如一味好辩逞强，那么，就会让同事们敬而远之。

第三，切忌不要在办公室里当众炫耀自己。

假如自己的专业技术非常过硬，假如老板非常赏识你，这些就能够成为你炫耀的资本了吗？要清楚，再有能耐，在职场生涯中也应该小心谨慎，强中自有强中手，倘若哪天来了个更加能干的员工，那你一定马上成为别人的笑料。假若哪天老板额外给了你一笔奖金，你就更不能在办公室里炫耀了，说不定别人在一边恭喜你的同时，一边也在嫉恨你呢！

第四点，办公室是工作的地方，不是互诉心事的场所。

在我们的身边，总会有这样的一些人，他们喜欢向别人倾吐苦水。虽然这样的交谈能够很快拉近人与人之间的距离，使你们之间很快变得友善、亲切起来，但是，心理学家调查研究后发现，事实上只有1%的人能够严守秘密。

因此，当你的生活出现个人危机，比如失恋、婚变之类，最好不要在办公室里随便找人倾诉；当你的工作出现危机，如工作上不顺利，对老板、同事有意见有看法，你就更不应该在办公室里向人袒露，相信任何一个成熟的白领都不会这样“直率”的。

再来看看下面这个故事：

“大嘴刘，你在办公室吗?”那天的天气真的很热，小刘正因为工作的事心里正烦躁着，跟他挺铁的一位朋友在电话里怒气冲冲地大声对他问道。小刘一惊，心想，平时兄弟间一向客客气气的，从不乱给人起外号，从不发火自己，今天到底犯了什么错误使他发这么大的火?“你什么意思，别天热人也火气跟着大啊!”小刘努力使自己平静。“我到你办公室去问你两件事，等着我。”这位朋友恶狠狠地挂掉了电话。

“我表哥替人打官司挣了100万是不是你跟人说的?”朋友一进小刘办公室就问开了。小刘一听顿时明白了，说：“是呀，这有错吗? 这说明你表哥有本事啊，这种钱不是任何人都能挣来的!”说句实话，当初别人跟小赵说起你表哥这件事时，小赵只有羡慕的份儿。“好，好，这件事也就算了，那他生活作风有问题是不是你说的?”当时，小刘一听顿时懵了，又遭人陷害了。“如果是我所说，我愿负法律责任。”小刘也生气了，可这种事就是没说也是跳进黄河也说不清。

“不是兄弟说你，吸取教训啊!”他的朋友长长地叹了口气，“说句实话，我也很生气，我也相信兄弟间不会说那种话。今天来不为别的，只是提醒你：管好自己的舌头。顺便跟你说个故事，好好领悟领悟。”就这样，朋友点燃一支烟，慢慢地说起故事来。

话说，在深山老林里，有一个寺庙，只有两个和尚，一个长者，一位二十来岁的青年，这里很偏，几乎就没有人来烧香拜佛。那天，小和尚不知从何处得知了山外另一寺庙的一点小事，急匆匆地跑到长者的练功房，“师父，我今天听到一个好消息想告诉你。”

“什么好消息让你这么激动？来，先坐下，慢慢说。”长者微微地睁开眼睛，用手捋了捋胡须，“不过在你告诉我这个消息前，我想问问你，这个消息过滤了吗？”

过滤？长者的话让小和尚摸不着头脑。“师傅，话能过滤吗？怎么过滤啊？”

“首先要用‘真实’过滤。”长者轻轻地抚摸着小和尚的头，“你能告诉我你这个消息确实真实可靠吗？”

小和尚抓了抓脑袋，“不知道，这个消息是我刚才下山听来的。”

“哦，这种消息？那你用‘善意’过滤了吗？”

“没有，师父，但这个消息对我们有利……”小和尚满脸的委屈。

“你先别说，”长者制止了小和尚，“既然上面两层都没有过滤，那我问你，这个消息对我们很重要吗？”

“嗯……”小和尚犹豫了半天，“其实跟我们寺庙也没多大关系。”

“既然这种消息既不真实，也非善意，对我们自己来说更不重要，那还有说的必要吗？”长者拉着小和尚的手，“好好修炼，你还年轻啊！”

“故事完了，你好好领悟吧！”那位朋友掐灭烟头，站起了身，“兄弟，为人处世，请管好自己的舌头！成也舌头，败也舌头啊，古今有之！”说完，朋友就走了。

事后，小刘心想，那天自己何必多那个嘴，招来如此麻烦，对己对人均无益，相反还伤害了某些人。其实在平时的生活和工作中，我们又说了多少废话？如果我们及时拿“真实”“善意”“对自己重要（包括别人）”这三准则来过滤我们说的话，就会发现很多话压根就没必要说，也不用说。这样自己、别人都少了诸多烦恼和伤害！“静坐当思己过，闲谈莫论人非！”朋友，好好管好自己的舌头吧，那样，你的人际关系会更融洽，人与人之间会多一份真情，少一点伤害！

人生箴言

总而言之，说话要分场合、要有分寸，最关键的是要得体。不卑不亢的说话态度，优雅的肢体语言，活泼俏皮的幽默，这些都属于语言的艺术。当然，拥有一份自信更为重要，懂得语言的艺术，恰恰能够帮助你更加自信。能够娴熟地使用这些语言艺术，相信你的职场生涯一定会更成功的！

学会说“不”，讲究艺术

也许你早已与别人约好出去吃饭了，依然还是乖乖地待在公司内加班；明明自己的身体不是太舒服，然而朋友还是硬拉着你出去逛街；上司在你面前常开玩笑消遣你，但你还是硬着头皮赔笑。面对这些强人所难的窘境时，有多少次当你说“是”的时候，其实也就是最想说的“不”？

你是否曾多次言不由衷，明明想对他说“不”，却活生生地把这个字吞到肚子里不说，回家又越想越觉得不对劲儿，“当时应该拒绝他的”、“我怎么这么没用，不敢说出真心话”，你自责不已，悔不当初，最后陷入不安与沮丧的浪潮中。症结出在哪里呢？这是由于我们不想得罪一些人，然而这种“老好人”的态度却让自己是苦不堪言。

看看下面这两个例子吧。

小静经常报怨说：“每次我的室友都要我叫她起床上课，即使那天我并没有排课。或者前一个晚上熬夜，第二天想起晚点儿都不行。她从不问我是否方便。我觉得她把我当成老妈子一样使唤，每次都想告诉她说‘你自己起床好不好呢?’但我一直都提不起勇气来，最终结果还是点头答应了。”

小丽家里放了一大堆的营养品，有的从来都没打开过，有的仅仅只用了一两次就束之高阁了，偏偏这些东西不是无限期保存，所以除了“浪费”之外，真不晓得还可以用什么词来形容呢？问她为什么买这么多用不了的东西，哦！原来都是人情压力下的产物，不买不好意思。其实，针对这种情况而言，小静和小丽完全是可以坚决地说一声“不”的。

因此，当你遇到这些情况的时候，假如认为不需要，那就勇敢地说一声“不”吧！每个人对自己的事情都有绝对的掌控权，不要认为一点都不好意思或者有点罪恶感，你根本也不欠他们的。

说“不”的时候需要智慧，当然还需要真诚、坦荡和勇气。成功人士表面上非常潇洒，事实上，他们内心的烦躁非常多。其最令人头痛的事莫过于不好意思拒绝别人的一些请求之类的。

赵总是一位香港公司的大经理，阿娇是他的一位中学同学，他们差不多有二十五年没见面了，一年前她儿子大专毕业，求他安排工作。正好一个招商团来香港招商，赵总跟他们谈项目，请他们吃饭。饭后，他把那个孩子的简历递给了招商团的秘书。很快，那个孩子被安排了工作。同时这个秘书提出了：我儿子也刚刚毕业，能否安排到你的香港公司呢？显然这是一件不可能的事情，来香港也就没那么容易。

不久之后，阿娇就打来了电话，她说道：“你要尽可能想办法帮秘书的儿子去香港吧，否则的话，我儿子就要下岗了。胡秘书依然天天逼我的儿子。”

赵总的妻子说了这样一句话：“你欠那么多人情吗？别管，让他们自己搞掂。大学毕业就应该自己闯天下，去人才市场竞争。另外还要通过一个不正当的手段安排无能之人，对其他大学毕业生而言，显然一点也不公平。”

赵总记住了这一次的教训，以后不再介绍一些毕业生了。然而到春节回家的时候，始终都不敢去见阿娇。

王总一人管理好几个工厂，工厂是需要烧煤的。有一天，他姑姑的儿子打来电话，告诉他：“我正跟抚顺的一个煤矿的矿长吃饭，在这里提到你，他非常高兴，想去见你。”

王总回答道：“我又不认识他，见我干吗？”

“卖煤，价格高点，给咱回扣。”

王总说：“你害我？”之后他就挂断电话。

一会儿，他姑姑就打来了电话，讽刺挖苦了好半天，开始说“我的儿子不如我哥的儿子”，等等，说着说着还哭了起来，千年万载的伤心事一起说，最后搞得王总不知如何去收场。李总回老家奔丧，出殡的当天下午，他 30

年前毕业的中学就来人了，让他给母校捐款。当时家里人很多。那种场面实在是非常尴尬。母亲活着的时候，故乡是思念，是祝福；母亲刚刚去世，故乡似乎就变味儿了。

赵总在无意之中认识了一个三流的画家，而且画家还送给他一幅画。不久之后，这个画家要举办个人画展，让赵总赞助 10 万。他个人出这笔钱是不可能的。公司出？他自己说了不算。他试探性地请示他的上级老板，老板说："对公司有什么帮助吗？""没有。"老板这样说道："那还用问吗？你欠他什么情吗？"

老板一语道破，他吓得不敢再次提起，当然也就不好意思再去与那个画家见面。

刘老师是学贯中西的著名学者，经常出国讲学，大概有点存款。他的一个同学来借钱，30 万，要买房。他这样说道："我没那么多钱，10 万吧。其实，现在买房贷款很容易。"然后他就更加详细地向他讲解一些贷款手续。其实，那个同学也就是想节省一些利息。此后，那个同学常常都在各种场合诋毁他。

40 多岁的成功人士，手中掌握了较大的权力，却还处在"行使权力"和"表现权力"的热情中，往往是对部下和妻子说了太多的"不"，对朋友和兄弟说了太多的"OK"。学会正确地说"不"，不是一件容易的事，尤其是对上级、对父母、对同学、对故乡。说"不"时，当然更需要有点智慧、真诚、坦荡和勇气。

曾经还看到过这样一则小故事：小金是一个大一学生，一天姨妈进城请小金陪她吃饭，小金当时身上只有 2000 元。姨妈却偏要去最贵的餐馆，小金无奈地同意了；姨妈又要点许多昂贵的食物，小金只好一一照办；最后总算还好，刚好 2000 块。小金付完钱后，姨妈看着他问："那是你全部的钱？""是的，姨妈。""你用全部的钱来招待我吃一顿美味的午餐？那太好了——可太傻了。你知道所有语言中哪个字最难念？就是'不'。你已长大成人，你得学会说'不'。天哪！你这顿午餐差点儿撑死你可怜的姨妈了，我的午餐常常都是一杯牛奶而已!”

当我们初读这篇文章的时候，认为内容好可笑。但笑过之后再仔细想一想，就再也笑不出来了。其实，类似这类午餐的事相信我们很多人都曾经经历过，生活中有太多的尴尬和无奈，而造成这种尴尬和无奈的原因，很多就是因为我们不太会说那个最难念的字“不”。这位姨妈不惜让自己被食物撑得很难受，其最重要的目的不就是想用事实来教育她的内侄学会说“不”吗?

不敢说“不”的人常常是缺乏实力的。也许他们害怕不顺着对方的意思，那么自己肯定会吃亏的，岂知愈想讨好所有人，可能最后一个好也讨不到，因为没有人珍视他的“好”，却要加倍地责备他的不周到。愈是想对得起每一个人，愈可能对不起别人，因为精力、时间、财力有限，不可能处处顾及周详，结果虽然帮了别人，却没帮好，还是对不起人，就算拼了这把老命还应付了所有人，至少他还是对不住自己。

因此，当你的能力有限时，别人也无法得到你的帮助，一定不要勉强自己，你应该学会说一声“不”，学会拒绝。说“不”不是不近人情，不是自私冷酷。所谓“长痛不如短痛”，你既然无力帮助，如果过于勉强，弄不好反而会耽误了别人重新获取有效帮助的机会，因此倒不如事前让对方知道你的苦衷，让他可以另请高明。我想，只要你真诚地道出你的苦衷，必能获得朋友的谅解，得到对方的尊重。

人生箴言

在与人交往过程中，由于怕失去好友一味地迁就朋友，因而影响了自己的生活，学会拒绝他人的无理要求是人际交往的一种重要技巧。

直言逆耳，多说好话

在生活工作中，每个人都愿意听好话，但在适当时，多说一点好话，还能够成为优良行为的推进剂。其中有一个全国的著名作家，一次与同学交谈时，他说他之所以有今天的成绩，要感谢自己的初中老师。他是“文革”时上的初中，那时流行写“小评论”，老师将题目布置之后，他从当村干部的父亲那里拿到一张省报，正好报纸上有篇文章与老师布置的题目吻合，他连抄带编，写成一篇所谓的“小评论”。老师说他有写作天赋，将来是当大作家的苗子。他由此爱上了写作，后来考上了某大学中文系，再后来就成了全国知名的大作家。原因还是缘于当初老师的“鼓励性评价”，缘于老师的一句赞扬的话。

办公室是一个重要的场所，它可以带给我们最多的快乐和成就感，但也可能令我们感到极大压力和挫折，特别是办公室里的人际关系，往往是影响我们工作情绪的重要因素。

办公室的气氛形形色色，人际温度起伏不定，加上有阶级、性别、权力、利害等种种纠葛，如何建立和谐快乐的同事情谊，实在是现代上班族的一大智慧考验。其实，很多人际的智慧，往往隐含在日常生活的一些小事情中。

以前，在小张工作的环境中，他幸运地拥有一组很优秀的工作伙伴。然而，身为部门主管的小张，由于经常要面对由上而下的压力，有时会显得疲倦烦躁，甚至感到委屈。有一次，在开完主管会议后，小张望着最新颁布的“工作管理规则”，脸色难看，为自己必须成为上级和下属间的夹心饼干而闷闷不乐。一个同部门的伙伴，因为即将为人母，对世界充满了温柔的心情，她虽然不知道小张在烦心什么，却走到小张身边轻轻说了一句："辛苦了！"这句简单的话，让小张精神一振，并且不禁暗自惭愧。身为部门主管，却只想着自己的压力，沉浸在自怨自艾的情绪中，忘记去鼓舞其他伙伴。从此，小张不时提醒自己：对同事减少苛责批评，多留心别人认真用心的一面，并且不忘说一句："辛苦了！"这是小张从这位伙伴身上学会的一件重要的事。

后来，小张才发现这是一句多么简单的话语，令工作团队的气氛有了明显的改变。要下班的人会对加班的人说："辛苦了！"出外办活动的人满心疲惫地回来，也会听到留守在办公室的人体恤的一句："辛苦了！"这句话语传达出一种双向的正面能量：同时它让说话的人表达出了将心比心的体贴，同时也让听到的人得到"自己的用心被瞭"的鼓励以及安慰。

还有一次，他们部门的一位中坚干部始终坚持要离职，因为她找到一个较好的工作机会。这对小张的打击很大，内心充满挫折的情绪。另一位同事知道了，用明朗的语气跟小张说："这对她是很好的机会啊！告诉她开开心心地去开始新的工作，如果不喜欢，记得要再回来。"这番话对小张有如当头棒喝，让小张警醒到自己过度落入工作角色中，忘记了从朋友的角度和心情，去为她高兴，也忘了要好好祝福她，同时也要鼓励她要勇敢地去探索新的机会和可能性。这么一则非常重要的道理，小张也是由身边的工作伙伴提醒才慢慢学会的。

办公室是一个人性的历练场，同时也让我们学到了怎样跟别人合作，也是一起成长的修道场。如果你也有幸碰到一些很好的伙伴，千万别忘了这个简单的道理：善意和一些鼓励的话，记得一定要多说！

人生箴言

学会说话，多说好话，会使更多的人愿意接近你。有技巧的说话方式充满智慧的魅力，如何说得让人高兴而又不显得你阿谀奉承，这是一件极有技巧的事情。做得好，便会为你的人生增添一道美丽的光彩。

闲谈时不要搬弄事非

如果将一个人的生活做个粗略的划分，根据时间和空间的不同，大致可分为公域和私域。因此，我们说话要分场合，“公私分明”是一条在什么时候都很有效的游戏规则。所以，办公室里不能乱说话，即使说也要说公事，不要搀和私事。别人没兴趣会让你扫兴，别人感兴趣对你可能会更糟。当然，说话的过程中，我们尤其注意的是千万不要搬弄是非。

马克吐温《竞选州长》初读的时候，感觉好可笑，但笑过之后又感到很伤心。流言制造了荒唐，出现这种荒唐事情的社会应该切实思考一下了。闲谈喜论人非，于人于己都没好处，于人不免玷污中伤，于己则有损形象，有失信誉。朱氏治家格言：“处世戒多言，言多必失”，“轻听发言，安知非人之谮诉，当忍耐三思。因事相争，安知非我之不是，须平心暗想”，一是针对自己，二是针对别人，的确很有理。

《孔子家语》：“庙堂右阶之前，有金人焉，三缄其口，而铭其背曰：‘古之慎言人也。’”能慎言，当然于慎言之外不会“议论人非”，三缄其口只是一个象征，如果真三缄其口的话，那么怎样吃饭？如果谈话无法做到舌灿莲花，四座生春，何不效法金人，三缄其口矣！

茶余饭后，适逢双休，邀三五朋友聚在一起打打扑克牌，摆摆“龙门阵”，可以交流感情，增进友谊，增长知识。然而就有个别人，专爱在这种场合流言蜚语，说三道四。他一会儿讲张三处事不行，一会儿说李四为人太差，要么说王五和某女的关系不正常，要么讲赵六背后骂某领导无能。总之，其消息来源或道听途说，或空穴来风，或捕风捉影，或歪曲夸大。可就是这些碎语闲言，危害还真不小，它往往使当事人遇上麻烦，给人际关系蒙上阴影。某单位有个同志，本人多才多艺，工作积极主动，吃苦耐劳，力求上进，为单位争得很多荣誉。可是，他却被这些“闲言”歪曲为“显摆逞能”“动机不纯”。时间一长，该同志在流言的困扰下背上了沉重的思想包袱，后来通过领导的开导和支持，他才走出了困惑的沼泽地。所谓“众口铄金，积毁销骨”，由此可见一斑。

背后说人是非，显然不仅仅可以在朋友之间造成猜疑、误会，影响团结，在有的时候还会“搬起石头砸自己的脚”。有这样一位同事，他总是见了张三说李四不行，看到李四又说张三很孬，如此两面三刀，挑拨离间。后来张三李四交了心，他也马上露出“庐山真面目”，而后人家都对他避而远之。想想看，这种害人害己的愚蠢行为有何好处？即便对自身有利，可也不能靠贬低别人来抬高自己吧？“路遥知马力，日久见人心”，是己非人的短视行为只能使自己在道德品质上“丢分”，人格尊严上受些损失，到最终将会失去朋友的信任。

李老师和王老师突然间吵起架来了。其中的缘由还是李老师背地里说王老师家买新楼的钱都是灰色收入。说王老师的丈夫利用职务之便贪污受贿聚敛了许多钱财，否则王老师的家怎么就可以买起120平米的楼房，王老师整天都穿得那么的入时、漂亮……

这种在背地里讲别人的闲话，甚至就是在搬弄是非、传谣言的事情，在人际交往中时有发生。多数搬弄是非、传谣言的人，内心都会觉得自卑，但表面又比较自负。当身边的人取得成绩或有某些收获时，他们便会产生强烈的嫉妒心理，在这种嫉妒心的驱使下，他们便会四处讲闲话、传谣言、搬弄是非，另外还给别人制造一些不良舆论，进而来维持自己的心理平衡。

这种讲闲话、传谣言、搬弄是非的做法，不仅仅有碍于别人的正常工作、生活，同样也对自己是有害的。因此，我们一定要摒弃这一做法。

第一，必须要学会对人对己负责。

无论你做何事、说哪一类的话，那么你就要首先对自己的言行负责任，一定要做到话出有据，事出有因，千万不能捕风捉影，随意推断。话出口之前，首先要想到：我说的话如若让当事人知道来问我，我是否敢于承认是我说的，如果敢于承认，又是否能自圆其说。如果你不能，那就趁话未出口之前，马上把它咽下，防止说出之后留下一些隐患。

第二，必须要克服嫉妒的心理，努力地来完善自己。

搬弄是非，往往都是出自于自己对他人的嫉妒。巴尔扎克说过这样一句话："嫉妒者的痛苦比任何人遭受的痛苦更大，因为他自己的不幸和别人的幸福都会使他痛苦万分。"一方面，你想通过某种方式将"出人头地"的人拉回到他原来的位置，恢复他与自己昔日的"平等"地位，甚至低于自己的位置，是很不现实的；另一方面，因为嫉妒心使你把注意力全部放在怎样阻碍别人的发展上而忽视了自我的完善和提高，从而使自己失去了进步和收获的机会。所以，与其因嫉妒别人而搬弄是非，制造谣言，倒不如积极等待，寻找机会完善自己，把嫉妒心理转化为前进的动力，以求取得成功，交上朋友。同时，你也再不必小心翼翼地防范别人，这是由于你内心的坦荡。

人生箴言

虽然无意中说了别人的坏话，但这也是非常重要的人际关系问题，作为一名在职人员，应该知道坏话必然会传入当事人的耳朵中，因此公司内也一样，不能随随便便说别人坏话或诽谤别人。

不做争辩上的胜利者

年轻人比较讲面子，有时候尽管某一方面做错了，但为了维护面子，获得自尊感，往往要和别人进行一番争论，而争论的结果只会使双方闹得不欢而散。尽管有时你在争论中占了上风，但对方的内心却会对你产生更深的不快或痛恨。所以，在争论中没有真正的赢家。

威斯汀豪斯电器公司的销售员是约瑟夫·艾利森，他耗费了很大的力气才向一家大工厂销售了几台发动机。

三周以后，他再次到那家工厂里推销，原本以为对方会再向他购买几百台的。不出所料，当那位总工程师一见到他的时候，就告诉他："艾利森，我不能再从你那儿买发动机了！因为你们公司的发动机太不理想了！"

艾利森惊讶地问总工程师："为什么呢?"

"因为你们的发动机太烫了，烫得连手都不能碰一下。"

艾利森知道同对方争辩没有任何益处，于是他连忙说："史宾斯先生，我完全同意您的意见，如果发动机发热过高，应该退货，是吗?"

"是的。"总工程师又答道。

"自然，发动机是发热的，但您当然不希望它的热度超过全国电工协会规定的标准，不对吗?"

"对的。"总工程师又答道。

"依照标准的话，发动机很可能是比室内温度高 72 华氏度，对吗?"

"显然是对的。然而你的产品却比这高出了很多。"

这时的艾利森根本没有争辩，只问一句："你们车间的温度是多少?"

"大约是 75 华氏度。"艾利森依然继续说道，"车间是 75 华氏度，另外再加上应有的72华氏度，总共是147华氏度。即使你把手放在147华氏度的热水龙头上，那么同样也会感到烫手啊!”

总工程师不得不再次点头赞成。“好了，以后就请您不要再用手去摸发动机了。请放心吧，那些完全都是正常的。”其最终结果是艾利森又做成了一笔生意。

艾利森后来告诉他的同行说：“我费了多年的工夫，在生意上损失了无数后才懂得，显然争辩肯定是不行的。站在别人的角度来面对问题，想法让别人讲出“对，对”，才能获得更多的益处，从而获得更好的成功。

这些情况对于走入推销行业的毕业生而言，一定要切记：千万不可以同客户争吵。这正是由于推销员在同顾客进行争辩时，不仅输了推销不出去，即使赢了也不能成功推销。所以说，对于推销员来说，其最佳的方案就是不同顾客进行争论。

著名大师卡耐基讲过自己亲身经历的一则故事：一次，卡耐基请一位室内设计师为他家布置一些窗帘。当账单送来时，他大吃一惊。

过了不到几天，一位朋友来看他，看到了那些窗帘，并且问起价钱说：“太过分了，我看他肯定占了你的便宜。”

她说的的确是实话，但无人愿意听到别人羞辱自己判断力的实话。因此，作为一位平凡的人，卡耐基开始为自己辩护。他说贵的东西最终会有贵的价值，也许你根本不可能以低价钱买到高品质又有艺术品味的东西等等。

翌日，另一位朋友也来拜访，看到那些窗帘就赞扬，而且表现得也是非常热心，说她真心希望家里也可以买得起那些精美的窗帘。这时卡耐基的反应完全不一样了。“说句老实话”，他说，“我自己也负担不起。我付的价钱实在是太高了，当初我真的后悔买了它们。”

每当我们犯错时，我们也要承认。假如对方处理得很精巧而且又和善可亲，我们也会对别人承认，甚至以自己的坦白率直而自豪。但是假如有人想把难以下咽的事实硬塞进我们的食道，相反而言，其最终的结果是不好的。

在美国，也就是南北战争期间，最著名的报人哈利斯·葛里莱激烈地反对林肯的政策，他相信以论战、嘲弄、辱骂就能使林肯同意他的看法。他发起攻击，日复一日，年复一年。就在林肯遇刺的那天晚上，葛里莱还发表了一篇尖刻、粗暴地攻击林肯的文章。那些尖厉的攻击使得林肯同意葛里莱了吗？根本就没有。其实嘲弄和辱骂是永久不能使人相信的。

波士顿在一本杂志上，有一次刊登出一首含意很深而且非常有趣的诗歌："这里躺着威廉的身体，他到死的时候，依然坚信自己是正确的，死得其所，但他的死就如他的犯错一样。"

你在进行辩论的时候，也许你是正确的，但是你要改变一个人的意志，就是你正确了，也跟不正确一样。玛度是威尔逊总统任内的的财政总长，他由多年的政治经验中得到一个教训，他说了这样的话："我们绝不可能用辩论使一个无知的人心服口服。"

玛度先生的话语实在是太温和了。当然不只是无知的人，无论哪一个人你都别想用辩论改变他的意志。

在这里有一个例子：所得税顾问派逊，同政府一位税收稽查员，为了一笔九千元的账目发生问题，争论了一个小时。派逊指出这是一笔永远无法收回的坏帐，因此不应当课征人家的所得税。那稽查员反对说："坏帐？但是我所认为的必须要缴税。"

派逊说到这样一句话："与这种冷厉，傲慢，固执的稽查员讲理，其实那就等于是废话……与他争辩越久，也许他就越固执，因此我决定要避免与他争论，换一个话题来谈，赞赏他几句吧。"

派逊说道："这个问题对于你来说，是一件微不足道的事，正是因为你处理过很多这类的问题………我虽然研究过税务，但都是从书上得来的知识，至于你所知道的，都是由实际经验中得来的。我真的很羡慕你有这样一个职位，我与你待在一起，会使我获益良多。"

"我跟他所讲的，当然句句都是实在话。那稽查员在座椅上挺了挺腰，然后就开始谈他的工作经验，讲了许多他所发现的舞弊案件。他的语气渐渐平和下来，接着又说到他孩子身上。就在临走的时候，他告诉我，回去后再把这问题考虑一下吧，等几天给我答复。三天之后，他又来见我，他说那笔税依照税法来进行办理，决定不再征了。”

这位稽查员显露出一种人性的弱点，他需要的正是一种自重感。派逊跟他争辩，他就伸展他该有的权威，来获得他希求的自重感。如果有人承认了他的重要性，那么这个争论也就很自然地平息了。因为他“自我”已伸展扩大，即变成一个和善，有同情心的人了。

人生箴言

释迦牟尼曾说过一句话：“恨永远无法止恨，只有爱可以止恨。”因此误会不能用争论进行解决，而是需要退让一步，让喧嚷变为平静。

用嘴去说动别人的腿

用嘴去说动别人的腿，也就是人们所说的求人办事，完成自己的想要达到的目的。这应该是每个人都不喜欢的事情，不但有失面子，而且求了，别人也不一定会答应。虽然是谁也不喜欢的事，但在人生中，不求人又几乎不可能。有时即使是刀山火海，该求人时还得硬着头皮去求人。

有这样一个故事：教官向一班的学员讲授领导与管理的科目，他给学员出了这样一道题目，上面写着："现在由你来领导本班，要让大家全部自动走出室外，一定要切记！让大家心甘情愿的！"

第一位学员不知道该怎么去做，只好回到自己的座位。

第二位学员面对全班学员说："教官要我命令你们都出去，听到了没有？"全班无一人走出教室外面。

第三位是这么做的："大家都听好了，现在教室要打扫卫生，请各位离开！"然而仍然还有一部分学生在教室内，值日生在待命扫地。

第四位看了纸片上的题目后，微笑着告诉大家："好了，各位，午餐的时间到了，现在我们要下课了！"

果然不出几秒，全班的人都走光了。因此，要想让别人为自己做事，而且是要他心甘情愿地去为你做，该怎么说、如何说，都是一门艺术。用权威来压人或者用一些理由来说服，都不会收到什么效果。古话有云："与人方便，与己方便。"其实这就是对上面这个故事最好的注解。让自己的目的和对方的一些意愿或者切身利益结合起来，用这个来说服别人，其最终结果都会赢的。

有一位中学老师接管了一个集体性非常差的班级，这时正好赶上学校安排各班级学生参加平整操场的劳动。这个班的学生躲在阴凉处谁也不肯干活，老师怎么说都不起作用。后来这个老师想到一个以退为进的办法，他问学生们："我知道你们并不是怕干活，而是都很怕热吧？"学生们谁也不愿说自己懒惰，便七嘴八舌说，确实是因为天气太热了。老师说："既然是这样，我们就等太阳下山再干活，现在我们可以痛痛快快地玩一玩。"学生一听就高兴了。老师为了使气氛更热烈一些，还买了几十个雪糕让大家解暑。在说说笑笑的交谈之中，最终学生接受了老师的说服，也不在再太阳落山就开始高兴地劳动了。

在说服的时候，首先你就应该想尽一切办法调节谈话的气氛。假如你和颜悦色地用提问的方式代替命令，并给人以维护自尊和荣誉的机会，气氛就是友好而和谐的，说服也就容易成功；反之，在说服时不尊重他人，摆出一副盛气凌人的架势，那么说服多半是要失败的。毕竟人都有一定的自尊心，就连三岁孩童也有他们的自尊心，也许谁都不愿意让自己被他人不费力地说服而受其支配。上面的故事也正说明了这一点。

人生箴言

用你的嘴去说动别人的腿，还要讲究礼貌客气，让对方乐于接受；勿自以为是，让对方心有他想。一般的人际交往，即使不求人，都要客客气气、待人以礼。如果有求于人，就更应该多些礼貌，这样人家才能对你的所求给予考虑。因此对人礼貌客气，也是人际交往中最重要的一点。

说话讲究有分寸

每个人都有嘴，但不一定每个人都会办事，并且把事办得很有分寸。在这个世界上，有不同的人和事，也就有不同的禁忌。生活有禁忌，做人有禁忌，说话更应该有禁忌。如果说话没有禁忌，大家都一脑子捅到嘴，张口即来，丝毫不考虑后果，那么社会就没有秩序可言了。说话的禁忌说到底就是分寸的禁忌。

俗话说得好："凡事都要有个度。"说话也一样，也要根据时间、人物、事件、地点的不同，相应地调整其长短轻重严松快慢，这样才叫说话有分寸。有了分寸，才能把话说圆。而有说话者总要有听话者，也就是说，一个人"张嘴说话"时最少要面对一个以上"听话"的人，说话的目的是要向对方传送某种讯息，如果没有分寸，你传送的讯息就会出现偏差。从这个意义上讲，把握好说话的分寸也就是把握好说话的禁忌。说话，遣辞用句之间，分寸更大。讲话不但要注意对象与你关系的亲疏、对象跟你的辈分、对象跟你的性别，尤其讲话的音调、修辞用字的轻重，都要有分寸。你没有拿捏好分寸，后果就会很麻烦。尤其是当你求人办事的时候更要注意，这样才会顺利办成事。

为"祸从口出"圆场

生活中有些人快人快语，有啥说啥，口无禁忌，嘴无遮拦，假如在一个熟悉的环境里，大家彼此比较了解，知道这是你的个性，可能这还算你的可爱之处。假如在陌生之地，不熟悉你的人中，不分场合地点，不分谈话对象，一律口对着心，心里想什么就说什么，这是万万不可的。由于多方面原因所限，你不能保证你想得都对、说得都对，而且听话人的接受能力也不同。

某单位A患了癌症，本人并不知晓，家属到处求医问药为他治疗，效果不错。B在看望A时，大大咧咧地直说出来。A经受不住突然的刺激，病情急剧恶化不幸死亡，引起死者家属的不满，从此两家结怨。

万万记住，不要动不动以心直口快为挡箭牌，心口一致固然好，但要加个把门的，该直则直，该婉则婉。即使需要直接对别人提出批评时，也应讲究方式方法，讲究批评的语气、声调，站在关心爱护的角度，抱着与人为善的态度，让对方理解你的批评是真为他好，从而引起他发自内心的自我批评，这样才会起到批评的作用，收到好的效果。控制不住不当之言似乎没什么了不起，是小节，但这种小节却常常使人“跌份”儿。

俗话说：“瘸腿骡子卖个驴价钱。”这话损点儿，但是领会其精神，却值得深思。有的人工作辛辛苦苦，能力也不比别人差，可就是打不了满分，究其原因就差在那张嘴上，正是一黑遮千白。有的人干工作也很卖力气，能力弱点，但言谈举止都很得体，当说则说，不当说从不多言多语，因而颇有人缘。

说话太直会得罪一些人，更容易激怒虚伪的人，他们会等待时机报复你。被你冒犯的朋友会成为你最棘手的敌人。要与某人断交时，不要突然断交，而要渐渐减少接触，更不能讲在当面。

要做得好，要像交际场上的圆场大师学习，看看他们常常使用的圆场术：折衷有道。

往往有时一个问题的出现，当局者只看到问题的一面，但旁观者清，有意地提及问题另一面，使之对问题有全面的认识。

相传古时某布政使请按察使喝酒。席间，布政使因自己的儿子太多而表示忧虑。按察使只有一个儿子，又为儿子太少而发愁。一个案吏在旁边说：“子好不须多。”布政使听了这话，于是说：“我的儿子多，又怎么办呢？”那位案吏回答说：“子好不愁多。”二人皆大欢喜，大加赞赏，一起举杯痛饮。

把握分寸，步步深入才好办事

一个人若想取得成功，就必须掌握说话的分寸和为人处世的技巧，这样做起事来才能得心应手，顺利地实现自己希望达到的目标。

美国斯坦福大学社会心理学家弗利特曼和弗利哲两位教授，曾对学校附近的一些家庭主妇做了一个有趣的实验，以调查在求人办事时怎样才能将分寸把握得恰到好处。

他们第一个电话打给了个彼得太太："这儿是加州消费者联谊会，为具体了解消费者之实况，我们想请教几个关于家庭用品的问题。"

"好吧，请问吧！"

于是他们提出了一两个例如府上使用哪一种肥皂等简单问题。当然，这样的电话，还打给了许多人。

过了几天，他们又打电话了：

"对不起，又打扰你了，现在，为了扩大调查，这两天我们将有五六位调查员到府上当面请教，希望你多多支持这件事。"

这本来是件容易被拒绝的事情，但最后却被同意了，什么原因呢？只因为有了第一个电话的铺路。相反地，对于那些没有打第一个电话，而直接在第二个电话中就提出拜访请求的用户，却多数遭到了拒绝。最后，两位教授以百分比作为结论。前一种答应他们的占52．8％，后一种只有22．2％。

由上述可知，向人有所请托，应由小到大、由微至著、由浅及深、由轻加重才是，如果一开始就有太大的请求，一定会遭受对方的拒绝，应该拿捏好分寸，不能太急，让别人一步一步地接受你的说法，最后答应帮你办事。

因此，一步一步地引别人接受，慢慢地诱别人上钩，既是找人办事的小技巧，也是嫁接成功的一个重要原则。

下面就是你在说话时应该注意到的几点提示：

1．做事方面

（1）对待别人的请求可以同意接受，但是不要"保证"，应该代以"我尽量或我试试看"的字眼。

（2）上级交办的事情当然要接受，但是不要说“保证没问题”的话语，应代以“应该没有问题，我将全力以赴”之类的话。

这就是为了万一自己不能做到所留出的后路，而且这样说实际上也没有损害你的诚意，反而更会显示出你的审慎，别人就会因此更加信赖你！事没有做好，也不会责怪你！

2. 做人方面

（1）与人交往，不能够口出恶言，更不能说出“誓不两立”这样的话，除非有“杀父夺妻”之仇的。不管是谁对谁错，最好是闭口不言，为了以后需要携手合作的时候还有“面子”。

（2）对别人不要太早地下判断，像“这个人完蛋了”“这个人一辈子都没出息”之类的属于“盖棺定论”的话最好不要说，人的一辈子很长，变化也很多的！也不要一下子判断“这个人前途无量”或者“这个人能力高强”。总之，应该多用一些“是……不过……如果”之类的话语。

把话说满有时也有实际的需要，可是还是保留出一点空间的好，既不会得罪人，也不会把自己陷入一种困境。总地来说，多用中性的或者不确定的话就对了！

为人处世一定要把好口风，什么话能说，什么话不能说。什么话可信，什么话不可信，都要在脑子里多绕几个弯儿，心里有个“小九九”。

人生箴言

俗话说得好：“凡事都要有个度。”说话也一样，也要根据时间、人物、事件、地点的不同，相应地调整其长短轻重严松快慢，这样才叫说话有分寸。有了分寸，才能把话说圆。

处处留余地，事事不过头

明智的人知道什么时候该让一匹马退役，他们不会坐等它在比赛的中途倒下，成为众人的笑柄。办事也是一样，既要有效果，又要讲感情；做不了圣人，也不做小人。不管是感情，还是有目的，讲求互利，满足各自所需，达到平衡。否则，事情就会，就会中断，这是做事的大忌。

砖混结构的楼房，在修建的时候，我们经常见到沿长度方向，隔一定距离要设计一条断开的缝隙，这就是“伸缩缝”。因为这种楼房也会“生长”，如果不留缝，时间长了会发生变形。修楼如此，做事如此，为人亦如此。留有余地岂不更好！

做菜时，先少放些盐，不够再加，这就是留余地；新买的裤子，因为太长，去裁的时候叮嘱裁缝少剪点，生怕剪短了，这也是留余地；放不说绝，事不做尽，锋芒不会全露，得理让人三分，有福大家共享，这些都是留有余地。

古训道：“路径窄处留一步与人行；滋味浓的减三分让人食。”给自己留余地，进可攻退可守，飞翔就是天空，回归就是家园。给他人留有余地，实则为自己留退路。送人玫瑰手有余香，把别人推上悬崖，自己也将身处险境。

水满则溢，月盈则亏，过犹不及，凡事皆然。曾国藩说：“人生最佳的境界是花未开全月未满”。这是一种从容淡定的心态，是一种通透顿悟的智慧，更是留有余地的美丽。

懂得留有余地，就如掌握了一门高深至上的学问，使人举手投足间收放自如；懂得留有余地，就是深谙了一种处世哲学，在与人的交往中进退有度；懂得留有余地，就是破译了人生密码，做到善待别人赢得自己。

人际关系从根本上来说表现出的是一种人与物、人与人之间的本质性关系。利益是一个历史的概念。这是说，利益原则在人类的历史上只有暂时性的价值。

比如说，今天你带了一把伞去上班，碰巧天下起了倾盆大雨，于是你的伞可以恩惠到其他的同事，你可以选择一位同事共打一把伞，你可以把她送到车站，本来她是必须淋着雨去车站，或者因为等待雨的停止而耽误很多的时间。当你同她一起冒雨前行的时候，雨停了，于是她可以自己走了，因此，你的伞所提供的利益因为雨的停止而消失，这就说明了利益的历史性和暂时性。

人类社会是建立在利益和利益关系的基础之上的。利益即是在利益动机支配下的人的关系。只有在出现了利益关系之后，人脉网络才能够被认为是可以“组织”起来的，而同样，只有在认识到了利益原则，才真正认识了人际关系。人际关系从根本上来说具有利益关系的属性。许多人将利益原则与道德价值对立起来，原因就在于将利益原则仅仅做了经济利益的理解。利益关系的确是在经济活动中最先确立起来的，但是它具有人类社会关系的本质特性，它的本质含义超越了经济领域，而且它的历史发展也必然最终将这一本质确立于经济领域之外。

互利是人与人交往的一个基本原则。我们的社会提倡奉献和利人精神，但这是一种最高层次的交往境界，很难要求所有人都做到这一点。

人为什么需要与人交往呢？尽管每个人具体的交往动机各不相同，但最基本的动机就是为了从交往对象那里满足自己的某些需求。实际上，交往中的互惠互利也是合乎我们社会的道德规范的。

所谓互利原则，既包括物质方面的，也包括精神方面的。由于受传统观念的影响，过去人们办事时更愿意谈人情，而忌讳谈功利。事实上，人与人之间的交往需求是多层次的，粗略地可以分为两个基本层次：一个层次是以情感定向的交往，比如亲情、友情、爱情；另一个层次是以功利定向的交往，也就是为实现某种功利目的而交往。

现实中，人们常会自觉或是不自觉地将这两种情况交织在一起。有时候即使是功利目的交往，也会使人彼此产生感情的沟通和反应；有时候虽然是情感领域的交往，也会带来彼此物利益上的互相帮助和支持。还有，在人的各种交往中，有时是为了满足物质需求，有时则是为了满足精神的需求。

换言之，人们交往的最基本动机就在于希望从交往对象那里得到自己需求的满足。这种满足，既有精神上的，也有物质上的。所以，按照人际交往的互利原则，人们实际上采取的办事策略是：既要感情，也要功利。不管是感情还是功利，既然人际交往是互利的，是为了满足各自的需求，那么，人际交往的延续就有一个必要的条件：交往双方的需求和需求的满足必须保持平衡。否则，人际交往就会中断。也就是说，人际交往的发展要在双方需求平衡，利益均等的条件下才能进行。

生活中常常见到有人抱怨朋友办事不讲交情。其实说穿了，抱怨的一方往往是由于自己的某种需求没有获得满足，而这种需要往往也是非常功利的。所以，我们不必一味追求所谓的“没有任何功利色彩的友情”，也不必轻率地抱怨别人没有“友情”。我们只需要坦率地承认：互利是人际交往的一个基本原则；既要感情又要功利，是办事的一个常规策略；需求平衡、利益均等，是办事圆满的一个必要条件。

人际关系既然是利益的关系，那么办事的最重要规则就是等价交换，个人的价值观决定了个人为人处事的态度、判断和选择。这个问题直接决定了人际关系建立的根本原则，那种把等价交换仅仅当作是商品经济的基本原则，是一种比较片面的看法。把它扩大到人际关系上面，交往中的等价交换原则包含了商品关系中的等价交换原则。人的价值观念的产生远早于商品，商品等价交换是它派生出来的产物，是人际关系等价交换原则在商品关系中的体现。我们不能本末倒置。

有一个人，大家都说他是儒商，生意做得很大，各方面都八面玲珑，左右逢源，许多生意都是朋友介绍的，它的生意做不完，有的人是一锤子买卖，自己当时合适了，就不管他人了，生意做大不了。一定要给别人让利，让别人满意。

利不可赚尽，福不可享尽，事不能办绝，给自己留出一定的余地，以备不及之需。特别是在这个市场竞争激烈的今天，给别人留有余地就是给自己留有余地，使自己进可以攻，退可以守，做到游刃有余。给别人留有余地，也是自己自身修养的体现。

人生箴言

人际关系既然是利益的关系，那么办事的最重要规则就是等价交换，个人的价值观决定了个人为人处事的态度、判断和选择。

第六章

智言妙语，游刃职场

职场上，我们每天和同事、领导之间难免有话要说。说什么、怎么说，什么话能说、什么话不能说，都应“讲究”。可以说，在职场上“说话”也是一种艺术。很多时候，有些人吃亏就是因为没能管住自己的嘴巴。

如何谈你的工作经历

招聘的时候，大部分的公司都很关注应聘者有无经验。在求职的过程中，工作经验是影响应聘者前途的一个重要的因素。

1. 工作经验的重要性

经验就是你过去在职场上的所作所为的记录。你在某一工作岗位上做了一段时间，那就是一种经验；如果你曾得到过提升，那也就代表着你经验的提升。但经验表示你曾经具体地做过某件事情，对这件事情及整个过程有着亲身的了解和参与，不只是拥有相关的理论知识的“纸上谈兵”，也不是仅仅旁观过别人的参与。

经验可以左右你是否能获得工作。一般而言，规模越大、管理越先进、业务越繁忙的公司，越重视应聘者的经验。因为他们需要的是无需很多培训即可马上上岗工作的熟练者，而不是可塑性虽好却初入职场的“白纸”。

2. 注意语言的融通性

在应聘工作时，你要学会区分硬性与富有弹性的经验要求。如果招聘广告上写明“需要至少 5 年以上经验”，就是硬性的经验要求，只有你的背景与之十分相近，你才会得到回音。但是，当对方的用语比较模糊时，比如用“扎实……”或“资深……”，就比较有融通性，那你就得有赖于你的经验与其他应聘者相比略有富余了。

为了应聘成功，捏造经验和经历并不是聪明的办法。经验这种东西是最易查明真伪的，即使在招聘时一时疏忽录取你，经受考验后，你还是会现出原形的。那时，别人对你的评价就不仅是“缺乏经验”了，“道德败坏”“装伪作假”等人格品质的大帽子就会扣在你头上，使得你毫无辩解和招架之力。

人生箴言

如果你缺乏经验，却认为自己有能力胜任这项工作，最好在履历表中坦诚相告，然后详细写下你的能力，以期获得对方的采纳。

回答好“陷阱”问题

在应聘时，面试者会提出几个“陷阱”问题，你稍不留神，就可能给对方留下坏印象，导致整个面试的失败，因此必须认真对待。

1. 你想从我们这里得到什么？

面对这类问题，很多人会避而不答，或者答得保守、落入俗套。事实上，你可以在应聘前准备一份“应聘广告”，对你梦想得到的工作加以描述。其形式可以是一个标题外加几句话，介绍一下你想应聘的公司、工作种类和你自身的基本情况。这样做可使你把注意力集中到你希望得到的具体工作，以及为此应做出的努力上。

2. 你为何辞去上一份工作？

许多招聘者心里很清楚：通常，一个人离开原来的工作岗位，是由于他们跟老板合不来，只是这些招聘者想听应聘者如何讲述这方面的事，建议应聘者把加入一家新公司的理由说成是事业发展的需要。

你可以说：“在原公司销售科工作了两年后，我学到了许多有关营销方面的知识。现在，我想学点儿别的，而贵公司则是我最中意的。”

不过，要是你确实因与老板发生冲突而被解聘，那么你最好主动把事情的原委告诉他们，而不要让他们先来问你。话要说得既明确又有艺术性。例如：“在管理形式方面，我和原公司的一位新金融主管存在着分歧。不过，我们双方对此表示理解。”

3. 你为什么要换一种职业？

对方问这样的问题，旨在让你做出谨慎的自我剖析。对此，最好不要说：“我只是想尝试点儿新东西。”因为那只能让人理解成：“他原来连自己想干什么都不知道。”相反，你应当竭力说明你的才能、个性更适合从事你应聘的这种新职业，或是你想多积累点儿经验去达到某一种长远目标。

4. 你怎么看待自己没有经验这个劣势的？

对于应届毕业生，面试官一般会问：“你的相关工作经验比较欠缺，你怎么看？”

如果回答：“不见得吧”、“我看未必”或“完全不是这么回事”，那么也许你已经掉进陷阱了，因为对方希望听到的是你对这个问题的看法，而不是简单、生硬的反驳。

这时，你可以使用“这样的说法未必全对”“这样的看法值得探讨”“这样的说法有一定的道理，但我恐怕不能完全接受”等开场白，然后再婉转地表达自己的不同意见。

5. 既然你这么优秀，怎么不去找更好的公司呢？

如果你的答案是肯定的，那么说明你这个人也许想脚踏两只船，身在曹营心在汉。如果你的回答是否定的，又会说明你对自己缺少自信或者你的能力有问题。

对这类问题，可以先用“不可一概而论”作为开头，然后回答：“或许我能找到比贵公司更好的企业，但别的企业或许在人才培养方面不如贵公司重视，机会也不如贵公司多；或许我能找到更好的企业，我想，珍惜已有的最为重要。”这样的回答，其实你是把一个“模糊”的答案抛还给了面试官。

例如，考官对一个研究生说：“对我们来说，你的学历太高了。”研究生回答道：“你们不是招聘人才吗？如果只看文凭的话，我这儿带了三张文凭，您可以挑选最适合的一张。”这种机智幽默的回答会让考官眼前一亮。

6. 金钱、名誉和事业哪个更重要？

对刚毕业的大学生来说，金钱、名誉和事业都很重要。可是对方的提问却在误导你，让你认为“这三者是相互矛盾的，只能选其一”。这时候，我们切不可中了对方的圈套，而是必须冷静分析。

你可以首先明确指出这个前提条件是不存在的，再解释三者对自己的重要性及其统一性。你可以这样组织语言：

“我认为这三者之间并不矛盾。作为一名受过高等教育的大学生，追求事业的成功当然是自己人生的主旋律。而社会对我们事业的肯定方式，有时表现为金钱，有时表现为名誉，有时二者均有。因此，我认为，我们应该在追求事业的过程中去获取金钱和名誉，三者对我们都很重要。”

人生箴言

应试者必须敢于迎接挑战，不要简单地答题，要多一个心眼，想得全面一点，并针对具体题目做出回应，赢得考官的赞赏，从而成功突破面试关。

把“意见”变成“建议”

《三国演义》中有这样一个故事：

杨修自以为学富五车、才智出众，因而恃才放旷。他生活在曹操的帐营里，却根本不把曹操放在眼里，常常口出狂言，做事也是自作主张。曹操十分不悦，最后终于找了个借口把杨修杀掉了。

在我们生活的周围，将不如卒、君不如臣的情况屡见不鲜，而明卒被昏将压抑、扼杀的情况同样层出不穷。如果你是一位聪明的小卒，却遇到了一位无能的昏将，你该怎样做才能不但不使自己落入被压抑的境地，反而使上司愉快地接受你的建议呢？

1. 兼并上司的立场。

李先生是一家比较知名的网络公司的总经理助理。他的顶头上司王总原先是搞技术的，对企业管理一知半解，却经常直接插手管理部门的事，把管理的层级体系搞得乱七八糟。其他部门虽然表面上敢怒不敢言，但私下里无不怨声载道，让李先生与其他部门沟通协调备感吃力。

经过思考，李先生决定采用兼并策略。他对王总说：“真正意义上的领导权威包含着技术权威和管理权威两个层面，王总的技术权威已牢固树立，而管理权威则有些薄弱，亟待加强。”王总听后，若有所思。

李先生巧妙地兼并了王总的立场，结果获得了成功。后来，王总果然越来越多地把时间用在人事、营销、财务的管理上，企业的不稳定因素得到控制，公司运营进入了高速发展状态，李先生的各项工作也顺风顺水，渐入佳境。

兼并上司的立场，的确不失为向上司提意见的上策。

首先，它没有排斥上司的观点，而是站在上司的立场，最终是为了维护上司的权威，出发点是善意的。

其次，这种策略是一种温和的方式，能够充分照顾上司的自尊，易于被上司接受，效率较高。

另外，它需要很强的综合能力，需要很高的社会修养，并能够针对不同情况，不断提出有效率的能兼并上司立场的意见，久而久之，自己个人的领导能力亦会迎风而上，甚至来一个飞速提升。

2. 多献“可”，少加“否”。

“献其可，替其否”的意思是说，建议用“可行的”去代替“不该做的”。在下属向上司“进谏”时多献“可”，少加“否”，包括两层含义：其一，要多从正面去阐明自己的观点；其二，要少从反面去否定和批驳上司的意见，甚至要通过迂回变通的办法有意回避与上司的意见产生正面冲突。

例如：你是一家公司的部门经理，根据业务发展情况需要配一名专管业务的副手，这时你想提拔一位懂业务、有经验的下属担任此职，而上司却准备从其他部门派一名不懂这方面业务的外行人任职。在这种情况下，你可把话题多用在部门副经理应具备的条件和你所提人选已具备的条件上，而不应用在反驳上司所提候选人上。这样既可以避免与上司发生直接冲突，又能把话题保留在自己所提人选上。

对于那些敢于直谏的下属，上司头疼的往往不是他所提的意见有多么难以接受，而是下属提意见的方式让他们受不了。比如这样的话：“经理，您刚才说的观点完全错误。我觉得事情应该这样处理……”或者“经理，您的做法，我不敢苟同。我认为应该……”

你把上司的想法或做法一棒子打死，不用说他是你的领导，就是一般的同事、朋友都是很难接受的。你让上司脸上挂不住，上司自然对你心存芥蒂，你的意见被采纳的可能性就微乎其微了。

3. 不可恃才傲物

在上司面前，你最好不要表露出“我比你聪明”的意向，在谦虚的请教之中表达你的意见是你最好的选择。

在某公司的职代会上，公司讨论一个方案。小陈发言："我认为，还应该加入一点……"而小邓的发言却是："我经过对这个方案的多方面考虑，认为有些不太理想的地方。我提出来，如果有什么不妥当的话，还请各位领导指正……"对于小陈，上司只是神情冷漠地听了一遍，无所表示。对于小邓，上司却着着实实地考虑了一番。

从此以后，公司里的事，还常常征求他的意见。原因就在于小邓能掌握上司的心理，知道如何去维护上司的尊严。

另外，还要注意的是不可恃功自负，当得知领导改变了自己的错误决定，采纳了你的建议后，不要洋洋自得，最好不要多提此事，以后，领导定会更加重视你的意见。

4. 多"引水"，少"开渠"

向上司、决策者贡献自己好的建议与计划，是我们每个人应尽的职责。然而，我们在献计献策的时候，往往会有不受重视、不被采纳的苦恼。尤其是当一个经过自己潜心研究、周密思考，确信是一个非常合理、非常优秀的建议和计划被上司断然拒绝的时候，我们的苦恼会更加严重。

碰到这种"进而不纳"的情况，人们往往抱怨道："能遇上一个知人善用、从谏如流的上司就好了。"这几乎成了所有做下属的一种传统的、固定的思维模式，他们之中很少有人愿意换一种思维方式来考虑"进而不纳"的原因。也许，用多"引水"、少"开渠"的方式会给我们带来新的出路。

多"引水"、少"开渠"的意思是说对上司"进谏"时不要直接点破上司的错误所在，或越俎代庖地替上司做出你所谓的正确决策，而是要用引导、试探、征询意见的方式，向上司讲明其决策、意见本身与实际情况不相符合，使上司在参考你所提出的建议资料信息后，水到渠成地做出你想要说的正确决策。

威尔逊做总统时，在他的顾问班子中，唯有霍士最得其信任。别人的意见，他常常很少采用，或是根本不采用，而霍士却屡屡进谏得以被采纳，后来霍士做了威尔逊的副总统。

霍士自述说："我认识总统之后，发现了一个让他接受我的建议的最好的办法，我先把计划偶然地透露给他，使他对此感兴趣。这是在一次偶然的机会中发现的。我有一次去谒见总统，向他提出一个政治方案，可是他对此表示反对。但是几天之后，在一次筵席上，我很吃惊地听到他将我的建议当作他自己的意见发表了。"

霍士不但使威尔逊相信这种思想是自己的，后来他还牺牲了自己许多伟大的计划，让给威尔逊来获得民众的拥戴。

那么，霍士怎样把计划移植到威尔逊心中呢？他常常走进总统办公室，以一种请教的口吻提出建议："总统先生，不知道这个想法是否……您不觉得这样做还有什么不妥吗……我们是不是这样……"就这样，霍士把自己的思想不露痕迹地灌入威尔逊的大脑，使他从自己的角度考虑这些计划，加以完善并付诸实施。

戴尔·卡耐基曾经说过："如果你仅仅提出建议，而让别人自己去得出结论，让他觉得这个想法是他自己的，这样不更聪明吗？"许多实践也表明，人们对于自己得出的看法，往往比别人强加给他的看法更加坚信不疑。

人生箴言

作为一个聪明的下属，要想使自己的看法变成上司的想法，在许多时候只需做好引导工作，提出建议、提供资料，其中所蕴涵着的结论，最好留给上司自己去定夺。

怎样和老板谈加薪

加薪是每个上班族最大的梦想，也是许多人心中暗暗盘算的“阴谋”。既然我们能帮公司谈成许多笔生意，也能为自己谈成这个问题吧！

1. 加薪谈判前的准备工作。

加薪谈判和所有的谈判都一样，必须先称称自己的斤两，再决定开口要多少。既然去要钱，当然要先看看你“能”给什么，你“已经”给了什么，这样才有谈判的基础。

你必须先看看你能给什么。要回答这个问题需先打听一下，从事你这行的人有多少，有经验的人又有多少，这些人的薪水大概是多少。如果跟你同行的人很多，你所做的工作既不是特别了不起，又不是特别繁重，你走了随时有人替补，那就没什么谈判的筹码了。

如果“计算”之后，发现谈判筹码真的不多，你就得合计一下了：如果要求加薪不成，老板生气了，你还有哪一行可以“转业”，或哪一家公司可以跳槽，那一行的行情又是如何。对于谈判来说，最重要的就是要先想好“万一”的时候，先找好退路。如果还没有退路，就硬着头皮乱冲，谈判根本就不可能成功，因为你心中根本就没底。

2. 加薪谈判看时机。

比较好的方法是告诉老板：“我在公司也做了这么久了，对公司也有很深的感情。但现在我面临了一些财务危机，不知道该怎么处理，所以来跟你商量一下。你看，有没有什么办法，让我为公司多贡献一些，并能交换多一点儿的待遇，以让我渡过这个难关。如果公司一时之间真的有困难，而另一家公司表示可以解决我的问题，那么，我可能只好转到那家公司了。将来如果财务问题解决了，如果公司需要，我还是希望回来，为公司再次效力的。”

接下来，就是找个提出加薪的时机了。什么事情都要看势头、观风向，加薪谈判也是这样。这里要看的时机，涉及到大气候和小气候。

小气候指的是个人因素，比如老板最近的心情如何；最近有别人要求加薪是否成功；老板反应如何；应该趁老板高兴的时候一起要求加薪，还是过一段时间再说，免得老板一下子碰到那么多要求加薪的人而被搞得焦头烂额，这些都是要考虑的。会不会焦头烂额，其实也不是我们能决定的，这得看整个行业的“大气候”才行。

比如说，公司的营运有没有问题，买方新购货物与其存货销售比例如何，这些都跟你的谈判筹码有关。因为销售增加，是公司获得利润的具体表现。反之，如果公司的销售量增加，而客户的存货也不断增加，那表示客户是在囤积，到一定数目之后，他们就可能停止进货，那时公司的利润就会下降，这种时候不是我们提出加薪要求的时机。

需要强调的是：第一，别忘了，办公室里也是小型政治环境，所以要考虑你要求的薪水是否高于你的上级领导。第二，不要让自己卡在单位的底线上，随时要想变通的方法。比如你要求老板给你加薪10%，因为你过去5年都没有加薪了，你这个要求应该是合理的，老板也同意，但他提出每年给你加薪2%，这应该是可以考虑的建议。

人生箴言

薪水就是我们的表现和老板给的待遇在中间汇合的那个点。如果我们的表现老板满意，老板给的待遇我们满意，两点基本上是汇合的，双方都满意；如果我们觉得自己表现得很好，老板给的待遇比预期的低，那就只有开口去要了。

办公室的说话艺术

我们是白领人士，每天都在交谈中与不同的人进行交往，但是突然有一天，你发现和你十分亲密的同事这几天总是躲着你，这是为什么呢？你想了想，可能是由于你和他上次的聊天。这里就要讲一下办公室说话的学问了。

1. 不要随意附和别人

在办公室里，如果你经常附和别人说的话，那么你就很容易被忽视了，同时，你的地位也不会很高了。

不管你在公司的职位如何，你都应该有自己的头脑和主见，发出自己的声音，说出自己的想法。只有这样，老板才会赏识你。

2. 谈话态度要和气

在办公室里与同事相处要友善，说话态度要和气，要给人以亲切感。

有时候，大家的意见不能够统一，但对于那些原则性并不很强的问题，根本就没有必要争得面红耳赤。如果你特别想发挥自己的辩才，尽可以用在与客户的谈判上，否则只会让同事们对你敬而远之。

即使你比对方职位高，也千万不要用命令的口吻与别人说话，更不能用手指着对方，如果那样，不仅会让人有受到侮辱的感觉，还会觉得你太缺乏涵养。久而久之，你就成了不受欢迎的人。

3. 要谦虚谨慎

在职场生涯中，应该谦虚谨慎。强中更有强中手，即使你再有能耐，倘若哪天来个比你更能干的员工，那你肯定成为别人茶余饭后谈笑的话柄。

即使你专业技术很过硬，或是办公室里的红人，或老板非常赏识你，也都不应该成为你炫耀的资本。不是有这样一句吗？骄傲使人落后，谦虚使人进步。

尤其是当你工作出色、为公司做出很大贡献后，老板额外给了你一笔奖金，你就更不能当着同事的面炫耀了。否则，有些嫉恨心理很强的人会千方百计地对你施加报复。

4. 把心事隐藏起来

聊天是女人的专长，自古以来就有“三个女人一台戏”这个说法，在办公室里，有些女性特别爱聊天，性子又直，喜欢向别人倾吐苦水。虽然能够很快拉近人与人之间的距离，但据研究认为，只有1%的人能够严守秘密。

当你的生活出现失恋、婚变之类的生活危机时，最好不要在办公室里随便找人倾诉；尤其当你的工作不顺利，或对老板、同事有意见和看法时，就更不要在办公室里向人袒露胸襟。过分的直率会对你的事业造成极大影响。

当生活或工作有问题时，应该尽量避免在办公室里议论，可以找几个知心朋友在业余时间出来玩一玩、聊聊天等，从而排遣不良情绪。

人生箴言

在办公室中工作的人，学会说话艺术，将使你展示魅力，赢得友情。不随意附和别人、用和气的态度谈话、说话谦虚谨慎、不随意地露心事，是你把握说话艺术、展现魅力的关键因素。

化解与同事不合的方法

1. 赞美的价值

小雯的同事小芸清早从床上爬起来，没来得及洗脸化妆，孩子就吵着要上学。刚把孩子送进教室，孩子的课本又忘了拿。从学校里出来，没赶上班车，误了点。最惨的是，轮到老总亲自查考勤，小芸的心情十分糟糕。

这个时候，小雯来到小芸的身边，悄悄告诉小芸："我从来没有见过这么好看的裙子，你买东西真有眼光。"

你知道小芸会怎么做吗？小芸顿时觉得，在这个世界上，只有小雯才是自己的知音。小芸立刻调整心态，高高兴兴地开始工作了。

从经济学方面说，一句赞美的成本是相当低微的，但是从心理学方面说，赞美可以创造出无限的价值来。

2. 自我表现别过分

适当的时间，适当的地点，勇于自我表现可以提升同事对你的好感度。反之，则会给自己增添一些不必要的麻烦。请看下面的例子：

小刚的同事小伟喜欢埋头苦干，不习惯与人应酬，陪客户喝酒谈生意的事全交给了小刚处理。小刚的酒量又刚好不错，还可以讲几个客户喜欢的荤段子，客户对小刚颇有好感。

一次，喝酒过度，小刚向客户吹嘘："这份计划书我也能做得出来的!"客户当场表示要以高薪聘请小刚。消息传到公司，小伟马上与小刚反目成仇，老板也准备就此事和小刚"好好"谈谈。

3. 敢于承认错误

谁也不是完人，工作难免失误，工作失误发生了，就应该坦白承认吧，上司是不会因此而看不起你的。

假如你的同事和你合作一份工作，起初事情向你们希望的方向发展，后来由于意外的出现，工作没能顺利完成，反而给公司造成了一定损失。

错误的责任你们双方都有份，可他选择了沉默。你主动向老板说明情况，并再三强调因为自己的错误导致了他人的错误。

事后，老板不但没有怪罪你，相反，因为你知错认错不推脱责任还表扬了你。同事也因此对你格外感激，主动为你分忧解难。

4. 直言不讳照

倘若是你的亲友无故责怪你，你就明确地说："你已经让我难堪了，但你总该告诉我这都是什么缘故吧？我什么地方把你得罪了？"

假如你的同事或朋友在公开场合责备你，而情况又不属实，使你难堪，你可以心平气和地直言："我们是否私下谈谈这个问题？我要求你把情况搞清楚了再说话。如果你不注意尊重事实，那我以后很难再信赖你。"

人生箴言

面对共同的工作，尤其是遇到晋升、加薪等敏感问题时，同事间的关系就会变得尤为脆弱。此时，你应该抛开杂念，专心投入工作中，不耍手段、不玩技巧，但决不放弃与同事公平竞争的机会。

与上司相处的禁忌

人与人相处、人与人交往，老人有老人的习惯，孩子有孩子的性格，上司作为一个特定的群体，有些说话的忌讳也是有规律的，我们把它总结出来，平常与上司打交道时多留心，这样才能最大限度地把握好在上司面前说话的分寸。

1. 不要对上司指手画脚

俗话说：智者千虑，必有一失。上司再聪明，再有经验，也会有考虑不周的时候，所以下属向上司进言是有必要的，上司也是欢迎的。

下属在向领导进言前，一定要进行深思熟虑的准备，使自己的建议能经得住各种问题的考验。

首先要搜集必要的、准确而有力的数字和事实材料来论证自己的建议。由于数字和事实具有客观性，也就更能说服人，这会使你显得具备相当的科学头脑并对现实有着较为充分的了解。

其次，试着去批驳与你的建议相反的那些论点。如果你能够做到将其驳倒，那就等于说你已在反面论证了自己的观点。

再次，要充分考虑到各种反对意见。既要吸收其合理性以弥补自己建议的不足，又要指明其不合理性作为批驳的重点。

最后，要想一想领导可能会提出什么样的问题，并对这些问题的回答有事先的准备。不妨对未来进行预期，展示你的建议的光明前景，并对各种可能性做出估计，这样，不仅可增强领导对方案的信心，也会使你显得具有某种长远目光，引起领导对你的重视。

事实上，方案论证缜密还会提高领导对你本人的评价和印象。那些考虑欠成熟的下属多半会被领导认为，想法幼稚、做事粗心、目光短浅或者考虑不周，而且这些印象可能会在以后的看法中被不断放大甚至掩盖你的其他优缺点。而考虑成熟的方案则会使领导对你产生某种好感，显示你良好的思维能力和缜密细致的办事作风，这无疑会成为你今后靠近领导的一项资本。

会说话的人不仅可以让上司采纳自己的建议，而且还会得到领导的好感；相反，不会说话的人不仅会被领导误解，而且再好的建议也不会被采纳。

2. 不要和领导称兄道弟

在现代企业中，主从关系必须被严格划分，不能乱了分寸，权责不明、未经授权而强出头，对所指派的任务也任意曲解、自作主张，这将使整个组织失控。在企业组织中，上下之间的关系最容易混淆。年轻气盛的员工，只为凸显自己的角色，往往不知礼貌，动辄直呼上司名字，或者干脆称兄道弟，这些没大没小的幼稚行径，都是办公室里要忌讳的。

上级有事召见时，切忌推三阻四、要"派头"，给人气度不凡且又成不了大事的印象。尤其不可打断他人的谈话，有意见时须待他人谈话告一段落再表达自己的意见。

交谈对象如果为上级主管，不可省略对他的职称，必须冠以"某某科长""某某主任"等尊称；即使在平辈间，也不可疏于礼貌，应以"先生"、"小姐"或以"某科长"、"某主任"等称呼为恰当。

正因为在办公室里，上司和下属之间无论如何也不可能成为朋友，所以作为下属，以下这些话题是绝对不能说的。

（1）不要问及老板的财产状况

那些合法经营的老板，无论其拥有多大的家产，都是他们一滴血、一滴汗，辛辛苦苦经营积攒起来的，没有什么见不得人的地方。但是商战中经济实力的保密是关系企业生存、老板发展的关键因素之一。因此，一个员工在老板手下工作，对于老板、企业的经济实力和财产来源，切忌过多询问和议论，或者故意无中生有地胡乱宣传。作为一个员工，应该养成对自己企业的商情守口如瓶的良好习惯。

(2) 不要问及老板的经济收入

问及老板的收入状况与问及老板的财产一样，肯定会引起老板反感。特别是对于那些刚刚到企业上班工作，与老板比较陌生的员工来说，就更是如此。

(3) 不可询问老板的婚姻状况

一位法官曾经感叹道，婚姻案件是最难说得清楚的案件之一。不少人的婚姻状况往往看起来良好，实际上却存在着很多问题。幸福的、甜蜜的婚姻，只不过是人们的一种追求。任何人的婚姻都有不幸福、不甜蜜的一面。

但是，任何理智的人又都倾向于把自己婚姻的不幸福的一面隐蔽起来，秘而不宣，这也就是人们常说的“家丑不外扬”。基于上述认识，任何主动询问他人婚姻状况的人，将会被对方视为不明智的人。老板自然也不能脱离现实，他们的婚姻状况也不可能完美无瑕。事实证明，不少大人物、不少有作为的人，其婚姻状况往往较常人更为复杂，更难说得清楚。

(4) 不议论老板的身体相貌

人的身体相貌，一般来说是先天决定的，任何人的身体相貌都不可能是完美无缺的。员工在和老板交谈时，尤其要注意这个问题，切忌对老板的身体相貌品头论足，特别是不要谈论老板的身体缺陷。对此，作为一名员工最好的做法是：熟视无睹，权当什么也没有看见。

人生箴言

企业不一定要像军队一般严谨，但对于上司和下属的关系也要划分清楚。上司就是上司，即使上司私下里把某位下属引为知己，下属也不要得意忘形、口无禁忌。

领导发火有讲究

工作中，员工犯了错误，上司不免有生气发怒的时候，而所发之怒，足以显示领导的威严和权势，对下属构成一种令人敬畏的风度和形象。应该说，对那种“吃硬不吃软”的下属，适时发火施威，常常胜于苦口婆心和千言万语。

1. 发火也有技巧

工作中，某些有经验的老练的领导，既敢于发火震怒，又有善后的本领；既能狂风暴雨，又能和风细雨。特别是涉及原则问题或在公开场合碰了钉子时，或对有过错人帮助教育无效时，必须以发火压住对方。况且领导确实为下属着想，而下属又固执不从时，领导发多大的火，下属也会明白和理解的。但是，发火也要有技巧：

（1）领导发火尽量不要把话说过头

领导发火不能把事做绝，而要注意留下感情补偿的余地。领导人话说出口一言九鼎，在大庭广众之下，一言既出，驷马难追，而一旦把话说过头则事后骑虎难下，难以收场。所以，领导发火，不应当众揭短，伤人之心，导致后事费许多力也难挽回。

（2）领导发火要虚实相间

对当众说服不了或不便当众劝导的人，不妨对他来一个大动肝火，这既能防止和制止其错误行为，也能显示出领导人运用威慑的力量，设置了“防患于未然”的“第一道防线”。但对有些人则不宜真动肝火，而应以半玩笑、半认真的方式去进行，这种虚中有实、情意双关，使对方既不能翻脸又不敢轻视，内心往往有所顾忌——假如上司认真起来怎么办。

(3) 发火时要注意树立“热心”形象

领导要大事认真，小事随和，轻易不发火，发火就叫人服气，“拿住人”，长此以往，领导者才能在下属中树立起令人敬畏的形象。日常观察可见，令人服气的发火总是和热诚的关心帮助联系在一起，领导人应在下属中形成“自己虽然脾气不好但心肠热”的形象，从而使发火得到人们的理解和赞同。

2. 善后的艺术

领导的日常发火，不论怎样高明总是要伤人，只是伤人有轻有重而已。因此，发火伤人的后，需要做及时的善后处理，即进行感情补偿，因为人与人之间，不论地位尊卑，人格是平等的。妥当的善后要选时机，看火候，过早了对方火气正盛，效果不佳；过晚则对方郁积已久的感情不好解开。因而，宜选择对方略为消气、情绪开始回复的时候为佳。

正确的善后，要视不同对象采用不同的方法，有人性格大大咧咧，是个粗人，领导发火他也不会往心里去，故善后工作只需三言两语，象征性地表示就能解决问题。有的人心细明理，领导发火他也能谅解，则不需下大工夫去善后。而有的人死要面子，对领导向他发火会耿耿于怀，甚至刻骨铭心，则需要善后工作细致而诚恳。对这种人要好言安抚，并在以后寻机通过表扬等方式予以弥补。还有的人量小气盛，则不妨使善后拖延进行，以天长日久见人心的功夫去逐渐感化他。

艺术地善后还应体现出明暗相济的特点，所谓“明”是领导人亲自登门进行谈心、解释甚至“道歉”，对方有了面子，一般都会顺势和解。所谓“暗”是指对器量小者发火过了头，单纯面谈也不易挽回时，便可以在其他场合，故意对第三者讲他的好话，并适当说些自责之言，使这种善后语言间接传人他的耳中，这种背后的好话很容易打动他。

另外，也可以在他困难时暗中帮忙，这些不在当面的表示，待他明白真相后，会对领导由衷感激。

总之，领导发火绝对不能只是感情的一种发泄，而应该是工作中的策略。

人生箴言

领导在工作中经常会遇到各种各样不顺心的事，面对这些事情，有些领导者能够保持清醒的头脑并采取冷静的办法；有些领导者则因拙于控制自己的情绪而大动肝火。能否使用好发火的艺术，是领导者磨炼领导技巧的一个重要方面。

不要使用任务式语言

在日常生活和工作中，任何人都喜欢被他人看成重要的人物。作为上司的你，用命令的语气说话，等于把对方的身份贬低，甚至是践踏了他的尊严。反之，如果用“请求”的语气给下属分派工作，无形中是抬高了对方的地位。

一名低薪员工曾经这么对记者说：“领导有次对我说：‘这些都需在下午之前装进盒子里，打上标签，装进货箱后运到车库。等你做完了，还有些别的事需要你帮忙。’然后就走开了。这让我感到自己是程序中重要的一环，既然领导相信我能做好，我就要证明自己能做好，不让他失望。”

在生活中，有许多人都注意到了对朋友、同事及陌生人这方面的礼节，但又很遗憾地忽略了在上、下级之间同样需要客气。有人认为，最佳上司的一个条件是尊重下属的劳动，哪怕是倒一杯水、打印文件一类的小事，最好都要致谢。有一名酒店的大堂经理，常对服务生说“辛苦你了”“谢谢你”“麻烦帮我换张床单”等客气话，使服务生们觉得自己很受尊重，所以工作热情很高。

当你所处的地位比对方高时，要格外留意说话的口气。如果校长能亲切地向工友说“你们的身体真棒啊”，经理能体恤员工说声“大家辛苦了”，客人能向服务生说声“麻烦你了”，岂不令听者心情为之振奋。

领导找下级谈话的艺术，表现在以下几个方面：

1. 选准时机

可选择工作的间隙、上下班的途中去交谈，因为这样自然、随便，容易谈得拢，另外也可以利用节假日去走访。领导亲自登门拜访，容易感动下级，谈话也容易成功。如果选择的时机不当，就有可能给对方增加负担，甚至会挫伤积极性，带来不良后果。如某单位有一位领导，找正在上班的突击班青年了解其班长的情况。使这个仅有六个人的突击班在一时人少的情况下，只是“快马加鞭”，结果影响了产品质量，“红旗优胜班”告吹了，大家还互相埋怨。

2.“屈尊”降位

有些领导总是自觉不自觉地喜欢把下级找到他的办公室来谈话。其实这种谈话就双方所处的不同位置来说，就无形中给谈话对象带来一种压力。作为领导，应努力冲破走进车间、基层有失大雅的思想禁锢，养成深入基层、同群众打成一片的良好习惯。这样，就到处有你谈话的地方了。即使在非得到办公室谈不可的情况下，也应注意互相间的位置，比如同凳而坐或同桌而谈，就能给人以亲切、和蔼和平易近人之感，这样下级才愿意向你讲心里话。

3. 巧埋“伏笔”

在触及正题之前，为了迅速准确地把握对方的思想脉络，领导者可先采取漫谈的方式，谈些诸如家庭、个人、乃至衣着、娱乐等方面的一些与正题联系不多的话，从而去观察对方的心情，了解其兴趣、爱好、习惯等，同时，也可巧妙为正题埋下“伏笔”。如，解放军某部有一个连队，接到一个战士家中拍来的“母病故速回”的电报，指导员根据该战士爱好书法的特点，请他写了一幅自勉的条幅：卒然临之而不惊，无故加之而不怒——这才是真正的英雄本色。”写毕，指导员说：“这是我的座右铭，送给你了，你知道其含义吗？另外还有一件事……”这才将家中噩耗告诉了这个战士，并拿出了火车票让他回家去办理丧事。母亲的突然病故对儿子的打击之大是可以想见的。但由于这位指导员疏导有力，使得这个战士冷静地踏上了归途。

4. 情真意切

文绉绉的语言，命令式的官腔，板着面孔的表情，都足以令人生厌。所以，领导者同下级交谈，必须注意语言口语化、大众化，切不可故显高深地去搬弄词藻。音量要适度，不要高声大嗓；语调要亲切，语气要委婉。从而缩短与下级的感情距离。必要时说上几句幽默的俏皮话，增加彼此交谈的兴味，解除对方的“心理防御”，便于使谈话深入下去。

5. 随机应变

正谈话时电话铃响了，或有人来访，有人请示、汇报工作时，应有礼貌地说声“对不起，等会儿接着谈”，以表示尊重下级，使他不会感到被冷落在一旁了；当对方有意转移话题，或有顾虑不直接回答某问题时，可适当地加以解释，但不要“穷追不舍”，可以暂时避开，以后再谈。

人生箴言

睿智的人说话时会先替对方着想；愚昧的人为了炫耀自己比对方了不起，才会以在言语上贬损他人为乐。对领导而言，一句客气话不费吹灰之力，却能达到百利无一害的结果，即使对方为你服务是应尽的义务，然而一句客气话却能使他对你更为心悦诚服。

批评和赞扬要得体

领导是一个集体的主心骨，说话做事都要注意分寸。批评和赞扬下属是日常管理中常有的事情，而且对上下级之间的关系也有影响，所以要格外注意。

批评员工时一定要有理有据，随意发火是领导的大忌。批评员工的时候也不要喋喋不休，适当的沉默、宁静可以起到“此时无声胜有声”的作用。通常来讲，批评员工时他的情绪波动是很大的。也许领导只是想苦口婆心地劝导他一番，但是无形中却伤害了员工们的自尊心，让他们觉得颜面挂不住，索性产生了“破罐子破摔”的心理，这样的批评岂不是得不偿失？不要到处都充满着斥责声，在适度批评之后保持一个沉默的空间，让他有时间冷静地想想自己的所作所为，相信这更是一种对当事人的威慑。员工会因为领导的“点到为止”感谢领导宽广的胸怀。默不做声并非是对错误的迁就，而是留给了对方一个自省的余地。

作为领导，尽量不要在大庭广众之下批评员工，这样对员工的伤害更大。那么，当众表扬员工呢？

领导的赞扬当然可以满足员工的荣誉感和成就感，使其在精神上受到鼓励。常言道：重赏之下必有勇夫。这是物质上激励员工的方法。物质激励具有很大的局限性，员工的很多优点和长处也不适合用物质奖励。相比之下，领导的赞扬不仅不需要冒多少风险，也不需要多少成本，就能很容易地满足一个人的荣誉感和成就感。

领导的赞扬可以使员工认识到自己在群体中的位置和价值，在领导心中的形象。领导的赞扬不仅表明了对员工的肯定和赏识，还表明领导很关注员工的事情，对他的一言一行都很关心。有人受到赞美后常常高兴地对朋友讲："瞧我们的头儿既关心我又赏识我，我做的那件事，连自己都觉得没什么了不起，却被他大大夸奖了一番。跟着他，我气顺。"

如果领导和员工之间互相都有这么好的看法，没有什么隔阂，能不团结一致拧成一股绳把工作搞好吗?

领导称赞员工，可以公开地夸赞，也可以私下鼓励和肯定，但如在众人面前大加夸赞，也可能会给"榜样"带来麻烦和困扰，使称赞的作用适得其反。

很多领导往往有一种误解，以为在众人面前大加夸赞职员，职员会心存感激。实则不然，作为领导，必须认识到这一点。在众人面前过分称赞某职员，会使很多人不快。被称赞的人会感到不安，其余的人会产生妒忌，某位员工得到的称赞越多、越重，别人的妒忌会越强烈。如果领导的称赞有些言过其实，有人就会怀疑领导是否别有用心。

聪明的职员在被当众称赞时，通常说声表示感激的"谢谢"，就及时离开了，与其说是害羞，倒不如说是不习惯周围人妒忌的目光。领导称赞职员时，应该注意不要在众人面前大加宣扬，不要当众给他造成不安。

在某个员工不在场的时候，当着个别同事的面对他加以称赞也是不可取的。毕竟，竞争意识是人人都有的，人总是自觉不自觉地和他人进行比较，所谓的优越和自卑也就因为这样的比较而产生。因此，虽然不在大庭广众之下称赞某个人，而是在个别职员面前称赞他的同事，由于此种竞争意识的比较，后果也是非常严重的。

被称赞的人不在场时，作为领导要有所考虑，照顾一下在场人的颜面和心理感受。如何才能照顾周到呢？这是很难办到的，是一件不容易的事。最好的办法，与其给自己造成不必要的损失，倒不如不进行这样的称赞。只要做到心里有数，对于当场者给以适当的慰勉，未尝不是件令人高兴的事。

人生箴言

不可能每个人都是批评家，但是我们在私下谈话时，处境与批评家是一样的，你总是要批评或被批评，总是会碰到与你观点完全不同的人，这时候，你得充分尊重对方，而不是扣帽子。

对立情绪要不得

只要你还是某一机构中的一员，就应当抛开任何借口，投入自己的忠诚和责任心。一荣俱荣，一损俱损！将身心彻底融入公司，尽职尽责，处处为公司着想，对投资人承担风险的勇气报以钦佩，理解管理者的压力，那么任何一个老板都会视你为公司的栋梁。

1. 个性解放与敬业

在这样一个竞争的时代，谋求个人利益、自我实现是天经地义的。但是，遗憾的是很多人没有意识到个性解放、自我实现与忠诚和敬业并不是对立的，而是相辅相成、缺一不可的。许多年轻人以玩世不恭的姿态对待工作，他们频繁跳槽，觉得自己工作是在出卖劳动力；他们蔑视敬业精神，嘲讽忠诚，将其视为老板盘剥、愚弄下属的手段。他们认为自己之所以工作，不过是迫于生计的需要，但并非所有的老板都是贪婪者、专横者，就像并非所有的人都是善良者一样。

对于老板而言，公司在生存和发展需要职员的敬业和服从；对于员工来说，需要的是丰厚的物质报酬和精神上的成就感。从表面上看，彼此之间存在着对立性，但是，在更高的层面，两者又是和谐统一的。公司需要忠诚和有能力的员工，同时，员工必须依赖公司的业务平台才能发挥自己的聪明才智。

为了自己的利益，每个老板只会保留那些最佳的职员，即那些能够把“信”带给加西亚的人，那些能够忠实地完成上司交付的任务而没有任何借口和抱怨的人。同样，也是为自己的利益，每个员工都应该意识到自己与公司的利益是一致的，并且全力以赴地努力去工作。只有这样，才能获得老板的信任，并最终获得自己的利益。

许多公司在招聘员工时，除了能力以外，个人品行是最重要的评估标准。没有品行的人不能用，也不值得培养，因为他们根本无法将“信”带给加西亚。因此，如果你为一个人工作，如果他付给你薪水，那么你就应该真诚地、负责地为他干，称赞他、感激他，支持他的立场，和他代表的机构站在一起。

也许你的上司是一个心胸狭隘的人，不能理解你的真诚，不珍惜你的忠心，那么也不要因此产生抵触情绪，将自己与公司和老板对立起来。不要太在意老板对你的评价，他们也是有缺陷的普通人，也可能因为太主观而无法对你做出客观的判断，这个时候你应该学会自我肯定。只要你竭尽所能，做到问心无愧，你的能力一定会提高，你的经验一定会丰富起来，你的心胸就会变得更加开阔。

“老板是靠不住的！”这种说法也许并非没有道理，但是，这非并意味着老板和员工从本质上就是对立的，情感需要依靠理智才能保持稳定。老板和员工的关系也只有建立在一种制度上才能和谐统一。在一个管理制度健全的企业中，所有的升迁都是凭借个人努力得来的。想摧毁一个组织的士气，最好的方式就是制造“只有玩手段才能获得晋升”的工作气氛。管理完善的公司升迁渠道通畅，有实力的人都有公平竞争机会，只有这样，员工才会觉得自己是公司的主人，才会觉得自己与公司完全是一体的。

因此，员工和老板是否对立，既取决于员工的心态，也取决于老板的做法。聪明的老板会给员工公平的待遇，而员工也会以自己的忠诚予以回报。如果你是老板，一定会希望员工能和自己一样，将公司当成自己的事业，更加努力，更加勤奋，更加积极主动。因此，当你的老板向你提出这样的要求时，请不要拒绝他。

2. 你的产品就是你自己

有人曾说过，一个人应该永远同时从事两件工作：一件是目前所从事的工作；另一件则是真正想做的工作。如果你能够将该做的工作做得和想做的工作一样认真，那么你一定会成功，因为你在为未来做准备，你正在学习一些足以超越目前职位，甚至成为老板的技巧。当时机成熟时，你已准备就绪了。

当你精熟了某一项工作，别陶醉于一时的成就，赶快想一想未来，想一想现在所做的事有没有改进的余地？这些都能使你在未来取得更长足的进步。尽管有些问题属于老板考虑的范畴，但是如果你考虑了，说明你正朝老板的位置迈进。

如果你是老板，你对自己今天所做的工作完全满意吗？别人对你的看法也许并不重要，真正重要的是你对自己的看法。

回顾一天的工作，请扪心自问："我是否付出了全部精力和智慧？"以老板的心态对待公司，你就会成为一个值得信赖的人，一个老板乐于用的人，一个可能成为老板得力助手的人。更重要的是，你能心安理得地入眠，因为你清楚自己已全力以赴，已完成了自己所设定的目标。

一个将企业视为己有并尽职尽责完成工作的人，他会得到工作给他的最高奖赏。这样的奖赏可能不是今天、下星期甚至明天就会兑现，但他一定会得到奖赏，只不过表现的方式不同而已。当你养成习惯，将公司的资产视为自己的资产一样爱护，你的老板和同事都会看在眼里，这样的员工在任何一家公司都是受欢迎的。

不要感慨自己的付出与受到的肯定和获得的报酬不成比例，不要老是觉得自己得不到理想的工资，不能获得上司的赏识。记得提醒自己：你是在自己公司里为自己做事，你的产品就是你自己。

人生箴言

"大人不计小人过"，"宰相肚里能撑船"，为了消除上下级之间的对立情绪，领导者有时需要委屈一下自己，设身处地地了解对方的心理与观念，以"君子之心"度"小人之腹"。

第七章

八面玲珑 人际场上得人心

一张嘴就能走遍天下，语言作为一种交流的工具，它的迷人之处在于，不必总是拘泥于事实，可以尽情地挥洒，可以夸夸其谈、口若悬河。只要你不是太平庸，只要你能说出奇巧，你就能畅通无阻。

攻心为上的谈话策略

1. 巧妙地找话题

一个个性内向或城府较深的人，通常不会轻易向外人吐露心声，但倘若总是保持沉默，绝不可能有任何收获。

提示对方某种无意识的举动，是找到话题的好途径。

例如，你发现对方用手指不断地轻敲桌面，就可以顺口发问："你平常喜欢弹钢琴或是其他乐器吗？"遇到喜欢在桌面用小指尖画写的人，就应该说："哇！你的小指既纤细又秀丽"这一类的话题，必定能够吸引对方的注意力，而无暇兼顾警戒心，自然可以融洽地沟通双方的意见了。

再如，道路两侧的流动摊贩，时常会在地面上画个圆圈或三角形，于四周摆设一些成品，自己站在当中，口中不断喃喃低语……路人往往会好奇地驻足围观，摊贩遂伺机扯开嗓门儿大吼："各位乡亲！兄弟很荣幸地向大家介绍……"

这样，他们常能圆满地达到招揽生意的目的。

相同的道理，我们如果想跟某个内向的人交流，可以做一些小动作，引发对方的好奇心，继而消除无言以对的尴尬。

2. 开启对方心灵

有位刚出道的新闻记者，到一家人皆公认即将倒闭的公司，访问该公司的宣传科长。对方严阵以待，拒绝提供任何进一步的消息。记者的经验不足，虽然有无可奈何之感，却不甘心就此打退堂鼓，遂预备采取持久战。

记者想借抽烟来解闷，摸遍全身衣裤的口袋，竟然找不到香烟，只得走到衣架旁，想到风衣口袋里搜寻。那位科长忍不住用关怀的语气探问："有什么事需要我效劳吗?”

记者红着脸，把原委告诉对方。科长莞尔一笑，立刻热忱地取出自己的烟，请记者同享吞云吐雾之乐。接着，双方开始畅谈，记者如愿以偿，作了一次翔实而精彩的独家报导。

这桩事例，仿佛“无心插柳柳成荫”一般，记者歪打正着地取得开启对方心灵的钥匙。此种凭借小动作消除对方警戒心的方法，倒是颇值得我们借鉴。

人生箴言

言为心声，说话的人就要上心用心，要想打动别人、说服别人，就必须要动一番脑筋，下一番功夫。表达情感时就要甜言蜜语，求人办事时就要神思妙语，化解矛盾时就要和声细语，反对拒绝时就要严声厉语。

赞美让你赢得人心

自己不可能赞美自己，但对于别人，你却不可吝啬你的赞美。

赞美是欣赏，是感谢，是对别人表示的敬意，赞美带给人的喜悦是无可比拟的，把赞美送给别人就像把食物施给饥饿的乞丐。

赞美在许多时候就像维生素，是一种最有效果的食物。赞美是一种博取好感和维系关系最有效的方法，是使人努力奋斗的兴奋剂。

1. 赞美的话要说得舒心

1971 年 7 月 29 日，美国基辛格率代表团秘密访华，打破了中美断交 20 年的僵局。

来华前，美国总统尼克松曾不止一次为他们设想这次会谈的情形，他们以为中方会大拍桌子叫喊“打倒美帝国主义”，勒令他们退出台湾海峡，滚出东南亚。为此，基辛格一行人非常紧张。

但事实出乎他们的意料正好与他们想象的相反。周恩来总理在钓鱼台国宾馆亲切会见了基辛格一行人。周恩来总理微笑着握住基辛格的手友好地说：“这是中美两国高级官员二十几年来第一次握手。”

当基辛格把随行人员一一介绍给周恩来时，周恩来的赞美更出乎他们的意料。

他握住霍尔德里奇的手说：“我知道，你会讲北京话，还会讲广东话。广东话连我这个中国人都讲不好，你是在香港学的吧！”他又对斯迈泽说：“我读过你在《外交季刊》上发表的论文，希望你也写一篇关于中国的。”

最后，周恩来他握住洛德的手说：“小伙子，好年轻，我们该是半个亲戚，我知道你的妻子是中国人，正在写小说。我很想读到她的书，欢迎她回来访问。”

周总理简短的欢迎词里蕴涵了高超的赞美技巧。他认识到基辛格一行的紧张心情，在严肃的外交场合，他有意淡化了政治角色，而是抓住细微之处，拉家常似的，对其语言才能、论文、家庭成员进行了一番巧妙的赞美，既亲切又得体，缓解了对方的紧张情绪，使对方对中国领导人顿生敬意，认识到中国人民的友好态度，真是一箭双雕。

周恩来总理能做到这一点，是事前大量细心准备的结果。他先对基辛格一行人的工作、生活资料做了一定的了解，准确地找出了他们在外交场合一般不为人所提及的细小之处。同时对他们来华心理做了大致分析，这样才会有在外交场合出色的表现和亲切的言辞。

2. 赞美的话要适时说出来

说一句简单的赞美话，实在不是一件困难的事情，只要你愿意并留心观察，处处都有值得赞美的地方。然后把你的赞美适时说出来，就会产生意想不到的效果。

赞美之于人心，如阳光之于万物。在我们的生活中，人们喜欢赞美，这绝不是虚荣的表现，而是渴求上进、寻求理解、支持与鼓励的表现。

法国总统戴高乐 1960 年访问美国时，在一次尼克松为他举行的宴会上，尼克松夫人费了很大的力气布置了一个美观的鲜花展台——在一张马蹄形的桌子中央，鲜艳夺目的热带鲜花衬托着一个精致的喷泉。

精明的戴高乐将军一眼就看出这是女主人为了欢迎他而精心设计制作的，不禁脱口称赞道：“女主人为举行一次正式宴会一定花费了很多时间来进行这么漂亮、雅致的计划和布置。”尼克松夫人听了，十分高兴。

事后，尼克松夫人也夸赞戴高乐说：“大多数来访的大人物要么不加注意，要么不屑为此向女主人道谢，而戴高乐他总是想到和讲到别人。”

在以后的岁月中，不论两国之间发生什么事，尼克松夫人始终对戴高乐将军保持着非常好的印象。

可见，一句简单的赞美的话，会带来多么好的反响。

赞美他人有助于消除怨恨，推动彼此之间友谊的发展，让人与人之间的关系变得更为和谐。一个懂得真挚赞美他人的人，一定是一个特别受欢迎的人，而一个受欢迎的人，又是一个极易打开成功通道的人。

赞美之于人心，如阳光之于万物。在我们的生活中，人们喜欢赞美，这绝不是虚荣的表现，而是渴求上进，寻求理解、支持与鼓励的表现。

3. 赞美要看对象

赞美别人，如同一支火把照亮别人的生活，也照亮自己的心田。赞美是件好事，但绝不是件易事。赞美别人如果不能审时度势，不掌握一定的技巧，即使你是真诚的，也会把好事变坏事。

赞美要看对象，人的素质有高低之分，年龄有长幼之别，因人而异，突出个性，有特点的赞美比一般化的赞美更能收到较好的效果。

（1）在女人面前，赞美她的打扮；在有小孩的母亲面前，赞美她的孩子。

（2）在上班族面前，赞美对方的工作成绩；至于男人，最好称赞他的能力。

（3）对于商人，你如果说学问好，道德好，清廉自守，安贫乐道，他绝对无动于衷。你应该说他才能出众，手腕灵活，现在红光满面，发财的机会马上就要来临，他才听得高兴。

（4）对于官吏，你如果说，生财有道，定发大财，他一定不高兴，如果说他为国为民，一身正气，廉洁自律，劳苦功高，他定会笑逐颜开。

（5）对于文人，你说他学有根底，笔下生花，思想深邃，宁静淡泊，他一定喜不自胜。

人生箴言

每个人都会对来自社会或他人的得当赞美，而感到自尊心和荣誉感得到的满足。而当我们听到别人对自己的赞赏，并感到愉悦和鼓舞时，不免会对说话者产生亲切感，彼此之间的心理距离会缩短、靠近。

赞美化解尴尬

赞美也是一种有效的激励，可以激发和保持一个人行动的主动性和积极性。赞美还是人际交往中的润滑剂和消毒散，许多尴尬的事，都可以用它一一化解。

赞美之所以对人的行为能产生深刻影响，是因为它满足了人的自尊心的需要。赞美是对个人自我行为的反馈，它能给人带来满意和愉快的情绪，给人以鼓励和信心，让人保持这种行为，继续努力。

赞美也是一种有效的激励，可以激发和保持一个人行动的主动性和积极性。赞美还是人际交往中的润滑剂和消毒散，许多尴尬的事，都可以用它一一化解。

1. 赞美可以为自己解围

李华的一个高高瘦瘦的朋友新买了一件短上衣，兴冲冲地请张剑品评。张剑见她穿了新衣越发状如搓衣板，不禁脱口说道："这件衣服并不适合你。"李华立刻沉下脸来。

张剑见状大叫不妙，就转而笑吟吟地说："像你这样苗条又修长的身材，如果穿上那种宽松肥大长而至膝下的衣服，就会越发显得神采飘逸、潇洒大方了。那些短而又胖的人就穿不出这种气质来。"

李华听罢顿时转怒为喜。

张剑李华的话既巧妙地暗示了这件衣服不合其身材，又诚恳地指出了其择衣标准。同时用苗条、修长这些美好的词语委婉地指出了其身材的特点，又用矮胖之人来做对比，满足了对方的自尊心。一句赞美的话，为自己解了围，也挽救了多年的友情。

2. 赞美可以浇灭对方怒火

谁不喜欢听别人说自己的好话？谁不想别人经常赞美自己？赞美可以给平凡的生活带来温暖和欢乐，令世上所有的噪音都化为音乐。有时候，适当的赞美还可以在争吵中浇灭对方的怒气。

有一人的妻子虚荣心特别重，当夫妻商量出席友人婚礼时，她缠着丈夫要买一顶昂贵的花帽。此时正值家里闹经济危机，丈夫自然不肯答应花这笔钱。

争吵中，妻子赌气地说："人家小李和小张的爱人多大方，早就给自己的妻子买了这种花帽，哪像你，小气鬼！"

丈夫没有争论，却故意夸张地说："可是，他俩的妻子有我妻子漂亮吗？我敢说，她们要有你这么美丽，根本就不用买帽子装饰了，是吧？"

妻子不禁转怒为喜，一场争吵也有效地避免了。

赞美是与人和睦相处的最大秘诀，但要使这一秘诀有效地发挥效用，必须要恰当地赞美。真诚是顺利进行交际的基础，真诚是实现协调、融洽交际气氛的关键。人们都希望得到赞美，但这些赞美应该能真正表明他们的价值和特别之处。

就是说，人们希望你的赞美是他们预想的结果，是真正把他们看成值得赞美的人并花费了精力去思考才得出的结论。

人生箴言

赞美是一种好习惯，它能够帮助我们友好沟通、化解恩怨。赞美需要真诚，它要求我们敏锐地捕捉他人身上闪动的灵性。

用赞美激励对方

在日常工作和生活中，很少有人能认识到在日常工作和生活中，我们是多么需要他人的赞赏和鼓励，因为在此当中，我们不仅能够感受到乐趣和温馨，同时也能增添自信。

1. 赞美增添自信

有一个学生在读高三的时候，他的母亲告诉他：“你 6 岁时，有位算命先生为你看过相，说你是有福气的人，将来肯定能飞起来的。”

他告诉母亲那是迷信，骗钱罢了。但是母亲当时是用非常殷切的语气说的话，好像把假话都说成真话了。

“你一定会飞起来的！”这句话一直在他心中打转转，模拟考试考砸了的时候，他急得吃不下饭，恍惚中又想起了母亲的话，“你一定会飞起来的！”

后来他以全县文科状元的成绩考入了北京大学，他至今还不太明白母亲的用心，但却悟出：就是母亲的那句赞美之辞让他走远的。

有位教育家曾说：“我们若不断地赞扬年轻人，他们必会产生自信，此时，我们便予以严格的督促。这样，他们仍会对自己的能力深具信心，因而能够摆脱低落的情绪，接受更进一步的指导。”

2. 赞美有深远的影响

生活中，经常需要称赞别人的优点。真诚的赞美，于人于己都有着重要的意义。对别人来说，他的优点和长处，因你的赞美显得更加光彩；对自己来说，表明了你已被别人的优点和长处所吸引，这有可能是进步的开端。

英国大文豪狄更斯年轻时潦倒不堪，稿件不断被退回。

一次，一名编辑承认了他的价值，写信夸奖了他。这个赞扬改变了狄更斯的一生，从此世界上多了一个伟大的文学家。

赞美是一件好事情，但并不是一件简单的事。如果在赞美别人时，不审时度势，不掌握一定的技巧，即使是真诚的赞美，也会使好事变为坏事。

有些人因第一次干某种事情，干得不好，你应该怎样说他呢？不管他有多大的毛病，你应该说："第一次有这样的成绩就不错了。"对第一次登台、第一次比赛、第一次做饭、第一次……的人，你这种赞扬会让他深刻地记一辈子。

在赞美别人之时，我们或许根本想不到一句转瞬即逝的话会有如此深远的影响。一言之善，贵于千金。那么，就让一切从赞美开始吧！

以赞美来鼓励，激起他的自尊心，他一定会努力做得更好。要知道，让他自己督促自己，总比你用命令督促他好得多。

真的，在赞美别人之时，我们或许根本想不到一句转瞬即逝的话会有如此深远的影响。一言之善，贵于千金。那么，就让一切从赞美开始吧！

人生箴言

赞美是阳光、空气和水，是成长不可缺少的养料；赞美是一座桥，能沟通人与人的心灵之河；赞美是一种无形的催化剂，能增强对方的自尊、自信、自强。

“高帽”要规格得当

人人都需要一顶“高帽”，但并不是所有的“高帽”都是一种形式。只有既好看又不会被风刮倒的“高帽”，才会受欢迎，才能有市场。

1.“高帽”不是谄媚

在现代社会现实的交往中，大凡向别人敬献谄媚之词的人，总是抱着一定的投机心理，他们自信不足而自卑有余，无法通过名正言顺的方式博取对方的赏识，从而表现自己的能力，达到自己的目标，只好企图采取一种不花力气又有效果的途径——谄媚。

谁知，其实恭维别人也并不是一件轻而易举的事。过分粗浅的溢美之词会毁坏你的名声，降低你的品位。所谓的“拍马屁”“阿谀”“谄媚”，都是技艺拙劣的“高帽工厂”加工的“伪劣产品”，因为它们不符合赞美和恭维的标准。

“高帽”尽管好，可尺寸也得合乎规格才行。滥做“过重”的“高帽”是不明智的。赞扬招致荣誉心，荣誉心产生满足感，当人们发现你言过其实时，就会感觉受到了愚弄。所以宁肯不去恭维，也不要夸大无边。

过分粗浅的溢美之词会毁坏你的名声，降低你的品位。不论用传统交际的眼光看，还是用现代交际的眼光看，阿谀谄媚都是一种卑鄙的行为。正人君子鄙弃它，小人之辈也不便明火执仗地应用，即使“拍马行家”或“马屁精”也会对这种行为嗤之以鼻。

孔老夫子有话：“巧言令色鲜矣仁。”毛泽东生前也多次批评过“吹吹拍拍、拉拉扯扯”的庸俗作风。可见，阿谀谄媚者，无仁无义、俗不可耐。

2.“高帽”就是美丽的谎言

恭维话要有坦诚得体的态度，而且要冲着对方得意之事发飙。

人总是喜欢奉承的，即使明知对方讲的是奉承话，心中还是免不了会沾沾自喜，这是人性的弱点。换句话说，一个人受到别人的夸赞，绝不会觉得厌恶，除非对方说得太离谱了。但是，值得提醒的是，说恭维话要有坦诚得体的态度，而且要冲着对方得意之事发飙。

奉承别人的首要条件，是要有一颗诚挚的心及认真的态度。言辞会反映一个人的心理，因而轻率的说话态度，很容易被对方识破，而产生不快的感觉。

恭维话不是廉价的商品，不可以随时随地乱扔，因为人们对一些廉价的东西是不会放在心上的。

对于不了解的人，最好先不要深谈，要等你找出他喜欢的是哪一种赞扬，才可进一步交谈。更重要的是，不要随便恭维别人，有的人根本不吃这一套。"高帽"就是美丽的谎言，你一定要做到以下三点：

（1）恭维话要让人乐于相信和接受。这就不能把傻孩子说成是天才，那样会让人感到很离谱，从而觉得你虚伪。

（2）恭维话要美丽高雅。恭维话不能俗不可耐、低三下四，那样会糟蹋自己，也让别人倒胃口。

（3）恭维话不可过白过滥，毫无特点，那样的话，不仅说得索然无味，不被重视，而且还会让人一眼识破，最终以尴尬告终。

人生箴言

虽然人人都喜欢听赞美的话，但并非任何赞美都能使对方高兴。能引起对方好感的只能是那些基于事实、发自内心的赞美。相反，你若无根无据、虚情假意地赞美别人，他不仅会感到莫名其妙，更会觉得你油嘴滑舌、诡诈虚伪。

赞美别人的闪光点

赞美是人与人之间的情感的“润滑剂”。人都是有渴望被人赞美的强烈欲望。赞美别人，就如同洒香水，因为你在赞美别人的同时，自己也浑身散发着香气。赞美是人与人之间的情感的“润滑剂”。

1. 赞美要把握分寸

赞美是为人处世的关键。真诚地赞美别人，使你可以更好地与别人相处。不过，赞美别人也要掌握分寸，要巧妙地赞美别人的闪亮闪光点。例如：

蒋介石曾经就任黄埔军校校长，这是他一生中最引以为荣的事。

在此期间，蒋介石不仅博得孙中山先生的厚爱并委以重任，也为国民党军队培养了一批杰出将领，如杜聿明等人，黄埔学生在东征、北伐等战争中也都取得了辉煌战绩。

蒋介石对这一期间的经历津津乐道，常常在客人面前提起。国民党军队中黄埔军校出身的军官都知道蒋介石的这个癖好，所以大家都尊称他“校长”，以表达对他的崇拜和敬仰之情，蒋介石则乐此不疲，如果有黄埔学生称他“总座”“军座”，他反而不高兴。

2. 赞美要抓住对方心理

称赞一个人的闪光点也必须注意以下三点：其一，赞美的语言表达要准确，不能偏离事实。其二，赞美必须是由衷的，发自肺腑的言语，不要夸张。其三，赞美时要专注，让被赞美者感到你有分享其光荣和快乐的心情。例如：

楚汉战争中，结果是刘邦打败了项羽，刘邦心里自然很骄傲，常常问他的大臣们自己为什么能打败项羽之类的问题，大臣们都非常了解刘邦“胜者为王”的心理，于是都对他的才能赞叹不已。刘邦逐渐产生了自满情绪，执政的积极性慢慢懈怠下来。

一次，刘邦生病后整日躺在宫中，下令不见任何人，也不理朝政。周勃、灌婴等许多跟随他征战多年的元勋也都找不到劝说的办法。

大将樊哙想出了个办法，闯进宫中进谏，他掷地有声地先对刘邦的过去进行了一番赞美："想当初，陛下和我们起兵沛县，定天下之时，何等英雄！同甘共苦，打败了项羽，建立了汉朝社稷大业。"

几句话激起了刘邦对自己辉煌历史的自豪之情，然后樊哙话锋一转："现在天下初定，百废待兴，陛下竟这般精神颓废，大臣们都为陛下生病惶恐不安，陛下却不见大臣、不理朝政，而独与太监亲近，难道就不记得赵高祸国的教训吗？"

樊哙先是称赞了刘邦征战时的辉煌战绩和勤政作风，而后又巧妙批评了当时刘邦的颓废和懈怠，赞扬与批评相结合，一席肺腑之言终于震醒了刘邦。以后，刘邦专心朝政，休养生息，汉朝也有了一片兴旺发达景象。

樊哙先是称赞了刘邦征战时的辉煌战绩和勤政作风，而后又巧妙批评了当时刘邦的颓废和懈怠，赞扬与批评相结合，一席肺腑之言终于震醒了刘邦。樊哙正是通过称赞刘邦引以为荣的历史进行劝谏，终于达到了说服刘邦勤政的目的。

但是，称赞一个人的闪亮点也必须注意以下三点：其一，赞美的语言表达要准确，不能偏离事实。其二，赞美必须是由衷的，发自肺腑的言语，不要夸张。其三，赞美时要专注，让被赞美者感到你有分享其光荣和快乐的心情。

人生箴言

赞美用语翔详实具体，说明你对对方越了解，对他的长处和成绩越看重，让对方感到你的真挚、亲切和可信，你们之间的关系就会越来越近。

含蓄委婉的批评艺术

1. 暗示批评

某单位工人小张要结婚了，工会主任问他："小张，你们的婚礼准备怎么办呢?"

小张不好意思地说："依我的意见，简单点，可是丈母娘说，她只有这个独生女……"主任说："哦，咱们单位还有小王、小刘都是独生女!"

这段话，双方都用了隐语。小张的意思是婚礼是不得不办，而主任则暗示，别人也是独生女，却能新事新办。

2. 模糊批评

既照顾了面子，又指出了问题进行批评。它没有指名实际上又指名，并且说话又具有某种弹性。通常这种说法比直接点名批评效果更好。

3. 安慰批评

年轻的莫泊桑向著名作家布耶和福楼拜请教诗歌创作。两位大师一边听莫泊桑朗读诗作，一边喝香槟酒，布耶听完说："你这首诗，句子虽然疙里疙瘩，像块牛蹄筋，不过我读过比你写得还要坏的诗。这首诗就像杯香槟酒，勉强还能吞下。"

这个批评虽严厉，但有余地，给了对方一些安慰。

4. 一分为二的批评

大多数的批评者，往往是把重点放在指出对方"错"的地方，但却不能清楚指明应该怎么做才算"对"，应怎么做。

有的人批评人家说："你非这样做不可吗?"这是一句废话。因为没有实际内容，只是纯粹表示个人不满意。

又如一位丈夫埋怨妻子说：“家里一团糟，又有客人要来，你怎么只管坐在这里化妆?”这种话也不会起作用，他只说了一半，好的批评应该把另一半也说出来。

5. 克制“我”的情绪

在批评之前，你首先要观察自己，你觉得自己的心情紧张吗？对对方心存不满吗？把你的所有感受——包括愤怒、埋怨、责怪、嫉妒等，先清理一下是有好处的。

有经验的批评家认为，未开口批评人家之前，先检讨一下自己所持的是什么态度，是积极的还是消极的？情绪不好是很难掩饰的，而这种情绪有极强的传染力，一旦对方感觉到这一点，立刻会激起同样的情绪，立即会抛开你的批评内容，计较起态度，这种互为影响的情绪会把批评带入僵局。因此智者不可不虑。

总之，批评是讲艺术的，不讲艺术的批评往往会事与愿违。

6. 不用家长式的指责法

领导批评指责下属，不可采用“家长式”的指责方法。那么，什么叫“家长式指责法”呢？下面略举几例：

例一，小王把一份誊写完的报告交给科长，科长一看，便皱眉道：“你的字怎么写成这个样子？蹩脚不说，还这么潦草。去，给我重抄一遍。一笔一画，端端正正地写。”

小王满脸通红，拿着文件讪讪地走了。从此以后，小王远远看见科长就赶紧掉头走开，唯恐躲之不及，更不要说积极配合工作了。

例二，高经理一走进办公室，便唠叨开了：“你看你，怎么把废纸篓放在这里？难看不难看?”“小王，我昨天不是让你把头发剪短的吗？怎么还是这副披头散发的样子?”“哎哟哟，瞧你这办公桌，简直像垃圾堆!”

高经理一边说着，一边走出办公室。众人刚刚不约而同地舒了口气，高经理又伸出头来嚷道：“喂，你们都听好，今天可不准再提早吃饭!”

例三，“小陈啊，我这可是为你好。”办公室主任老张一面说，一面把沾在小陈衣领上的一小片枯叶拂掉，“这件事我已经和你谈过好多次了，你怎么就是不听呢？这样下去怎么行呢？”小陈眼睛看着窗外，对张主任的话置若罔闻。

不难看出，上述领导都用了“家长式”的指责法。那科长如同严父，一点也不给下属面子，搞得小王非常狼狈，失去了搞好工作的信心。高经理是“婆婆嘴”，事无巨细，唠叨个没完。老张则像个教子无方的慈母，对不听话的孩子束手无策。

下属不是孩子，既不可以溺爱，也不可以过分严厉。像那个科长，应该对小王说：“你的字写得太潦草了，打印起来有困难，希望你重新誊抄一下。另外，你经常要搞这类工作，有空的时候可以练练字。”这样，该表达的意思都表达清楚了，却不至于让下属下不来台。

高经理对那些小事，则应该视若无睹。假如觉得有必要整顿，不如干脆把全体人员召集起来，说一下劳动纪律和注意个人和环境卫生的问题。这样，既能解决问题，又不显得婆婆妈妈。

张主任对小陈则应该严肃点，国有国法，厂有厂规，屡教不改要受相应的处分，哀求苦恼只会丧失威信，收不到好效果。

领导者应清楚意识到的一点就是，工作场所跟家庭和工作场所不同。家庭是由有血缘关系的人组合而成的，由亲情紧紧维系着。这和以劳动契约为基础而结合的工作关系根本不一样，即使工作场所的气氛非常平稳，也不可能像一家人。在家庭中，再没有道理的指责，都因为亲情而得到谅解、理解，好管闲事也不会引起反感。工作中，不适当的指责给双方带来的损害，日后不管你怎么苦心挽回，要恢复都是困难的。领导者应清楚地意识到这一点。

人生箴言

有的人喜欢说在口上，做事却老打折扣；有的人虽然说得少，工作却失误频频；有的人喜欢溜须拍马，投机钻营……面对这些，领导需要去批评，更需要学会批评的艺术。

好声好气好交谈

恰到好处地使用声和气，不仅能充分地表达说话的意图和情感，而且还能使说话生机勃勃，充满艺术感染力。

1. 声和气的类型

根据语音学中音素、音位的原理和人们说话时用声用气的心理状态及规律，我们可以把声和气通俗地分为以下几种类型：

（1）和声细气

这种声和气宛如柔和的月光和涓涓的泉水，由人心底流出，轻松自然，和蔼亲切，不紧不慢，能给听者以舒适、安逸、细腻、亲密、友好、温馨的感觉。人们在请求、询问、安慰、陈述意见时常使用这种声和气。它可以弘扬男性的文雅大度和女性的阴柔之美。尤其是在抒发情感时，这种声和气的运用更具有一种迷人的魅力。

（2）轻声小气

这种声和气它可以表现说话者的尊敬、谦恭、谨慎和文雅。在和别人交谈时，使用它可以缩短人与人之间的感情距离，密切双方的关系。有时，它还能避免一些可能会招致的麻烦。当然，用它来公开坚持意见、反驳别人、维护正义和尊严或表示强调是不可取的。

（3）嗲声嗲气

这种嗲声嗲气实际上是爱的生命的律动。因为被宠爱者，通常是女子和儿童，对宠爱者说起话来嗲声嗲气，仅能恰到好处地表现自己娇滴滴的秀气，更能博得和激发宠爱者的爱心和情感。可见，这种嗲声嗲气实际上是爱的生命的律动。

（4）大声吼气

铁人王进喜曾有一句名言：“石油工人一声吼，地球也要抖三抖。”可见，大声吼气可以表现说话者的英勇精神、坚强意志和刚毅决心。

此外，大声吼气可以表现威胁、指责、气怒，宣泄等意思，并能起到强化意识、渲染气氛、深化表现力度等作用。

（5）高声大气

这是一种人们用来召唤、鼓动、说理、强调和表达自己激动心情的声和气。它可以表现说话者的激情和粗犷豪放的气质。

虽然它和大声吼气都属于高音频和高调值，但是，它和大声吼气却有所不同，它通常用来表示极度的欢喜或慷慨激昂。

（6）粗声粗气

日常工作和生活中，人们难免会遇到一些麻烦或苦恼。于是，粗声粗气地说一通便成了一种自我排忧解愁的好方法。

不过，听者习惯把粗声粗气与指责、反驳、训斥、顶撞、反感、抱怨等内涵联系在一起。因此，使用这种声和气时，应谨慎小心。

（7）恶声恶气

世界虽然美好，但仍然有心术不善的人或令人深恶痛绝的事。用恶声恶气来鞭笞这些丑恶的人或事，可以起到警告、怒斥、敌视、憎恨、蔑视、制止等作用。此外，它还可以宣泄说话者的不满和愤怒等情感。

（8）冷声冷气

由于某种特殊的原因，说话者有时不能或不便用恶声恶气来公开而又强烈地表示自己的意图和情感。于是，冷声冷气便可代替恶声恶气，而成为说话者的一种“冷战”的方法。

它除了可以间接地表示恶声恶气所表示的意思外，还可以表示讨厌、讥讽、挖苦、不愿意、不赞成等意思。

（9）怪声怪气

人们习惯把自己所憎恶或讨厌的人在说话时所使用的声和气看作是怪声怪气。因而，这种声和气常含贬义。

不过，在有些场合下，借机模仿自己所憎恶或讨厌的人的怪声怪气，倒能表示说话者蔑视、憎恶等意思和起到挖苦、嘲讽等作用。

（10）低声下气

它原是说话者在对有身份、有地位、有某种特殊的背景或自己所尊敬的人说话时，为了表示尊敬所采用的一种特殊的声和气。

不过，人们现在常把它看作是奴颜媚骨和窝囊的表现。

（11）唉声叹气

人生并非如同梦幻的仙境，生活也并非总是充满着阳光。人们不时会遇到一些忧心苦闷、不快或自己力所不能及的事情。

借用唉声叹气可以发泄说话者的内心苦闷和表示因自己无能而感到抱歉、追悔和内疚。然而，在某些特定的情况下，对某些背景特殊的人唉声叹气和辅之以笑容的话，倒是别有一番意思和情趣。

（12）怨声怨气

遇到不公正、令人不满和不快的人或事情时，用这种声和气可以表现说话者埋怨、哀怨、不满、不快等情绪。从某种角度来说，这也是一种发泄内心不快和自我安慰的方法。

（13）有声无气

在有些情况下，说话者会一反常态，说起话来让听者只闻其声，不觉其气。这种有声无气的说话方式表明说话者精神沮丧、意气消沉、心烦意乱、缺乏兴趣、慑于某种威胁或体力不支。常言的“有气无声”也属于这种范畴。

（14）吞声忍气

这是一种有意识的吞音现象。它通常表示说话者内疚、恐惧、惭愧、遗憾、无奈、懦弱等心理状态和性格特征。常言的“欲言又止”在一定程度上也属于这种范畴。

(15) 屏声屏气

由于某种特殊的原因，说话者无意识地暂时抑止声和气，或者有意识地闭住声和气，这样往往能产生或制造某种设想的说话效果。比如：吸引、被吸引、尊敬、谨慎，等等。

(16) 泣声悲气

当说话者感到悲愤、苍凉、伤感时，说起话来便会带有一种无意识的泣声悲气。善于表演的人，能借此表现极度的哀伤，以唤起听者的怜悯和同情。这种声和气的最大特点就是气多于声。

(17) 破声破气

前有一段时期，我国歌坛上兴起了一股“西北风”。这种“西北风”的演唱特点就是歌唱演员以破声破气来表现西北人、山里人乃至一些普通人的那种特有的粗犷、豪爽、热情、奔放、坚强的气质和性格特征。

2. 使用声和气的基本原则

因为不同的声和气表达着不同的意思。因此，我们说话时，不仅要注重遣字用词，而更应该要选用好恰当的声和气。这一点十分重要。否则，再美的词语也会失去其光彩，并很有可能引起听者的猜疑、妒忌、不满、反驳、敌视、唾弃和嘲笑。总而言之，我们在使用声和气的时候，必须遵循下列几项基本原则：

(1) 贴切语义

某一种声和气所表示的特定意思是在人们长期的使用过程中逐步形成的。这种意思具有其特定的稳定性，是不以个人的意志为转移的。这是说话声和气的语义特点。我们只能遵循这一特点，而不能根据个人的好恶去随意地违背它或者改变它。

例如：不能用大声吼气来抒发自己的柔情蜜意，不能用粗声粗气来称赞别人，更不能用恶声恶气来表现我们激动的心情。

否则，我们将不能正确地表达我们的本意，甚至还会招致麻烦和痛苦。

由此可见，只有遵循声和气的语义特点和选用恰当的声和气，我们才能很好地表达我们的意思。

（2）避免歧义

相同的词语配上不同的声和气，往往会产生不同的意思，这是语言的一种歧义现象。因此，使用好声和气的一条重要原则就是要尽力避免可能会出现的歧义现象。

例如：这是语言的一种歧义现象。仅以“你这死鬼”举例。用粗声粗气说，它表示反感、抱怨、指责；用恶声恶气说，它表示怒斥、憎恨、警告；用阴声阴气说，它表示诅咒；用柔声细气说，它表示亲昵；用嗲声嗲气说，它表示打情骂俏或假骂真爱；用高声大气说，它表示向听者示意去采取某种行为；用唉声叹气说，它则表示被迫接受对方的建议或行为，等等。因此，使用好声和气的一条重要原则就是要尽力避免可能会出现的歧义现象。

（3）区别对待

我们使用声和气时，我们不能忽视说话对象的年龄、性别、社会地位、文化修养等因素和使用的时间及场合，而要根据说话对象的这些上述因素和不同的时间及场合而选用不同的声和气。

例如：对长辈、女性、社会地位高或文化修养深的人应使用和声和气、柔声细气和平声静气，不应大声吼气、高声大气或粗声粗气。

妻子在丈夫面前嗲声嗲气往往会产生良好的效应。

但是，如果妻子在大庭广众之下也对丈夫嗲气嗲气的，非但不会激发丈夫的情趣，反而会自讨没趣。

（4）积极向上

人生道路并非一帆风顺。我们不时会有不满、不快、伤心、忧愁或悔恨等情绪。尊重和善于生活的人不会因此而沉沦，而是从中振作起来，成为生活的强者。

因此，我们在说话时，使用的声和气要力争积极向上、催人进取和充满活力。这样，我们才能给别人留下美好的印象，并丰富自己的生活。

人生箴言

说话是人们交流信息、传情达意的一个重要手段。它所表达的意义是通过人们对其发音器官的有意识控制和使用而表现出来的。这种控制和使用的一个重要对象便是说话的声和气。恰到好处地使用声和气，不仅能充分地表达说话的意图和情感，而且还能使说话生机勃勃，充满艺术的感染力。

妙语巧逐饶舌客

有朋自远方来，不亦乐乎？促膝长谈，交流思想，不仅是生活中的一大乐事，而且是人生道路上的一大益事。宋朝著名词人张孝祥在跟友人夜谈之后，不禁发出“谁知对床语，胜读十年书”的感叹。

但现实生活中也有与此截然相反的情况。茶余饭后，你刚想静下心来读点书或是做点事，不料不请自来的饶舌客常扰得你心烦意乱。他东家长西家短，唠唠叨叨，没完没了，一再重复你毫无兴趣的话题且越说越来劲儿。你勉强敷衍，心不在焉，焦急万分，真想对他下逐客令而又怕伤感情，难以启齿。如果你“舍命陪君子”，那么你将一事无成，因为你的时间——世界上最宝贵的东西，白白地被别人占去。

鲁迅先生曾经说过：“无端的空耗别人的时间，无异于谋财害命。”登门拜访的客人，自然不能冷脸对待。但是面对那些“谋杀时间”的客人，任何一个珍惜时间的人都不会甘心被“谋财害命”，也不甘被饶舌客牵着鼻子走。这个时候，你需要运用高超的语言技巧，说出委婉的逐客令。

那么，该怎样对付饶舌客呢？下面的五种下逐客令的方法可供大家参考。

1. 以婉代直法

我们可以用婉言柔语来提醒、暗示饶舌常客：主人我们并没有多余的时间跟他闲聊胡扯。跟冷酷无情的逐客令相比，这种方法容易被对方接受。

例如：“今晚我有闲，咱们好好畅谈。从明天开始我就要全力以赴写职评小结，我争取这次能评上工程师。”这两句话的意思是：请您从明天起别再来打扰我了。其中，“今晚我有闲，咱们好好畅谈”只是表达对客人的一点礼貌，是欲拒先纳的一种策略而已。

又如：“最近我妻子身体不适，吃过晚饭就想睡。咱们是否说得轻一点?”此话虽然用的是商量口气，但传递的信息十分明确：你的高谈阔论有碍女主人的休息，还是请你少光临为妙吧！再如：“这是我第一次发表的文章，请您指正。我想今后尽量多挤些时间爬爬格子，我还年青，真想有所作为啊。”这番话似乎很尊重对方，但“请您指正”只是虚晃一枪，而“真想有所作为”的感叹却是在提醒对方：请你今后别再来纠缠不休了。

2. 以写代说法

有些饶舌客辨析语意的灵敏度不高，婉转的逐客令常常难以奏效。对这些人，不妨用张贴字样的方法代替直率的语言，表达使人一见就明的意思。

影片《陈毅市长》里，有一位著名的科学家在家里客厅的墙上贴上“闲谈不得超过三分钟”的字样以提醒来客。看到这张字样，纯属“闲谈”的饶舌者，谁还会好意思喋喋不休地说下去?

日常生活中，我们可根据具体情况贴一些如“我家孩子即将参加高考，请勿大声喧哗”“主人正在自学英语，请客人多加关照”之类的字样，制造一种努力拼搏、惜时如金的氛围，使饶舌客望而却步。从常理上说，字样是写给所有的来客看的，并非针对某一位，因而不会使哪位来客有太多的难堪。当然，在饶舌常客知趣地告辞时，主人可送到门口并致意：“真抱歉。但愿我的孩子能托您的福，在高考中取得好成绩。谢谢您的关照，如果我在自学英语上有所突破，我不会忘记您的支持。”

3. 以热代冷法

有时候，用热情的语言、周到的招待代替冷若冰霜的表情，使饶舌常客在“非常热情”的主人面前感到今后不好意思多登门。

饶舌客一到，你不妨笑脸相迎，沏香茗一杯，捧出瓜子、糖果、水果，很有可能把他吓得下次不敢贸然再来。你用接待贵宾的高规格，他一般也不敢老是以“贵客”自居。过分热情的实质无异于冷待，这就是生活辩证法。但以热代冷，既不失礼貌，又能达到“逐客”的目的，效果之佳，方法之妙，不言自明。

当然，对于个别极不知趣而又爱贪便宜的饶舌客，以热代冷法只能是白费精力，空耗钱财。

4. 以攻代守法

我们还可以用主动出击的积极姿态堵住饶舌客登门来访之路。以攻代守，先发制人，其实是特殊形式的逐客令。

例如，你可以看准他一般是在每天何时到你家的，你不妨在他来访之前一刻钟先“杀”上门去：“您多次来访，礼尚往来，我应回访您，否则太失礼了。”于是你由主人变成了客人，他则由客人变成了主人。

这样，你就争得了掌握交谈时间的主动权，想何时回家，就何时告辞：“最近我有些急事要处理，改日再谈吧!”更重要的是，你杀上门去的次数一多，他就被你牢牢黏在自己家里，原先每晚必上你家的行为定势就有望改变。过了一个阶段，你“班师回朝”之后，他很可能不再“重蹈旧辙”。以攻代守，先发制人，其实是特殊形式的逐客令。

5. 以疏代堵法

我们还可以以疏代堵、釜底抽薪就能从根本上解除饶舌客上门干扰之苦。

以上四种方法都是“堵”的方法。饶舌客之所以用无聊的嚼舌来消磨时间，是因为这种人既无大志又无高雅的兴趣爱好。如果改用疏导之法，使他感到有计划要完成，有感兴趣的事可做，那么，他就无暇光顾你家了。

显然那么，以疏代堵、釜底抽薪就能从根本上解除饶舌客上门干扰之苦。怎样进行疏导呢？

如果他是青年，你可以举出胸有大志的事例进行教育，也可用发人深省的语言予以教育，亦可用发人深省的语言予以激励：“人生一世，岂可没有一点真才实学？你我都要好好努力才是啊！”

如果他是中老年，你可以根据他的具体条件，引导他培养某种兴趣爱好，或种花，或读书，或练书法，或跳迪斯科。例如，“老张，您的毛笔字可真有功底，如果再上一层楼，完全可以在全县书法大奖赛中获奖！”这样的话一定使他欣喜万分，跃跃欲试。一旦有了兴趣爱好，你请他来做客也不一定能请到呢！

让逐客令变得美妙动听的方法，还可以举出一些。不管使用何种方法，主人必须掌握以下两条原则：

（1）有情

在拒绝他人时，一定要使对方感觉到主人对他还是很有情谊的。有情，才能使逐客令真正变得美妙动听。

因为饶舌常客一般是亲戚邻居、同学同事，抬头不见低头见，主客之间相当熟悉，切忌用冷冰冰的表情和尖刻刺耳的语言刺伤对方，也不宜用爱理不理、屡屡看手表等方式表示烦厌之意，免得以后见面时十分尴尬。一定要使对方感觉到主人对他还是很有情谊的。有情，才能使逐客令真正变得美妙动听。

（2）有效

如果主人语言失当，客人自作多情，上你家的热情有增无减，闲扯的兴致越来越高，那就是主人弄巧成拙了。

所以，你要使饶舌常客听了你的得体的话后，明显减少上你家的次数，缩短闲扯的时间。这样，主人的语言技巧真正起到了逐客的作用。如果主人语言失当，客人自作多情，上你家的热情有增无减，闲扯的兴致越来越高，那就是主人弄巧成拙了。

人生箴言

对付饶舌客最好的办法是：运用最高超的语言技巧，把逐客令说得美妙动听，这样你就能两全其美：既不挫伤饶舌客的自尊心，又使其从此变得知趣，如此就能两全其美。

积极的语言树立好口碑

什么是积极的语言呢？积极的语言就是能促进彼此交谈，增深彼此友情的带有积极意义的语言，比如，说话要真诚等。

1. 说话要真诚

由于说话态度不同，语言既可以成为建立和谐人际关系的最强有力的工具，也可以成为刺伤别人的利刃。

语言可以表现出一个女人的人格。即使是语言比较笨拙的人，只要具有发自内心的关怀对方的心情，其心情就能在话语间充分流露出来。相反，如果没有发自内心的关怀之情，即使用再多华丽的语言，也会被对方看穿。所以满怀真诚是最重要的。

昨天还是用学生腔随心所欲地讲话的女人，今天就突然让她使用交际语言讲话，可真是有点难为她了。交际语言没有用惯的话，总会觉得怪难为情的，不能很好地使用。

舍去害羞、丢掉娇气，是作为社会成员所必须的条件。为了每个人每天都能心情愉快地工作，希望女性朋友能深刻认识到语言的重要性，并能充分掌握交际语言的技巧。

2. 不要说对方不爱听的话

使语言不成为“利刃”的最低条件是什么呢？那就是不要说对方不想听的话题。

人们都想改掉自己的缺点，可是有些缺点无论自己怎么努力都无济于事，比如身体上的缺陷就是最好的例子。虽然上司自己说：“最近我头发掉得都快秃了！”如果你也跟着说：“经理真的要变成秃顶了啊！”这就太露骨了。

常有女人误以为连本人都说了，跟着本人说说其缺点，也没有关系。其实本人说倒没什么，可是别人不能也跟着说。如果被同龄人说了短处也许说句“彼此彼此”就过去了，可是如果被年轻人说了短处，就不会那么简单地过去了。

即使对方说了嘲笑自己缺点的话，也不能反唇相讥、以牙还牙再说对方的缺点，这样会伤双方感情的。从个子矮、脱发、大肚子，到肥胖、年龄、容貌，这些都是对方敏感的话题，也是禁忌的话题。不说对方敏感的话题是建立和谐人际关系的准则。

3. 对方的优点或值得夸奖的地方要马上夸奖

在实际工作和生活中如何与上司、前辈、同事建立和谐、融洽的人际关系呢？说什么话好呢？如果连礼貌用语都说不好的人，说实话，要建立起和谐、融洽的人际关系真是太难了，但不管怎样，下功夫进行自我表现的训练和积极阅读一些有关交谈技巧的书籍，终会有所收获的，所以要对自己有信心。

首先，在把话说出口之前要好好想一想：如果说了会怎样呢？不能不假思索，不管后果如何，张口就说。即使你只是想和对方开个玩笑，但对方也会误以为真，从而造成不愉快的情况。特别是当你和对方的关系不是很好的情况下，多数来说对方都不会接受你的玩笑。所以说话之前要判断一下关系要好的程度，考虑一下后果。

其次，在发现对方长处或有值得表扬的地方时，要对这些长处立即给予夸奖。比如，可以根据情况，抓住时机对上司说：

“您今天穿的西服颜色真漂亮！”

“经理，您在会议上的发言真精彩，棒极了！”

“我也想成为像经理这样兢兢业业工作的人。”

需要注意的是，我们可以赞美，却不能阿谀奉承或溜须拍马，因为上司必定感觉得到你是在溜须拍马，而对你非常反感。所以，一定要像“啊，真好!”“我也想成为您这样的人!”说出真情实感，这是非常重要的。

不只上司，对同事和晚辈，女性职员如果也说一些对己对彼都有好处的话语，人际关系一定会很和谐。

“什么时候变了发型了？这种发型非常适合你。”

“今天衣服的颜色真靓丽，显得特别有朝气。”

“多亏您帮忙，才得以继续工作下去，总是请您帮忙，真是过意不去。”

说上述话，应该不会有人不高兴的。另外，进行语言的“话后服务”，对建立和谐、融洽的人际关系也很有成效。

在别人跟你说过什么事情或你听到了他有什么事的时候，如果遇到那个人时要问一下“那件事怎么样了?”由于这一句“那件事怎么样了?”那个人就会对你有“这个人不是光听听就罢了而不放在心上的人，我的事他还记在心上呢”的感觉。

不光是别人跟你说过的或你听说过的事是这样，此外，如“感冒好了吗”“妻子怎么样”“孩子升中学了吧”，这些都是很好的“话后服务”语言。

自己的事被别人挂在心上的话，无论是谁都会很高兴。所以，要对别人充满关怀，抓住时机进行语言的“话后服务”。

4. 用有积极意义的语言应对

即使自己平时也注意了，但由于无意中说错了话而伤害了别人的情况也是存在的。这种情况下，虽然是自己无意中说错了话，但是毕竟伤害了对方。

平时关系要好的人，对你的态度突然间冷淡下来，这时与其一个人冥思苦想：“难道我说了什么伤感情的话?”不如直接试着问对方：“我是不是说了什么失礼的话？如果有的话请您原谅。”

原来只不过是小小的误会，后来却发展为纠纷的情况也有很多。所以，如果能尽早消除误会，就不会任其发展为更大的纠纷。

相反，也有别人有意攻击你的场合。让人遗憾的是，嫉妒心强的人和被害者意识强的人到处都有。如果因为这些人所说的话而变得心情不悦就正中对方的下怀了，因为对方的目的就在于此。难对付的人到处都有，不能一一躲过。

所以，对这些人所说的话用有积极意义的话语应付是最重要的。无论在什么时候、什么场合，自己都不要改变这种态度。对爱欺侮人的人，你越是战战兢兢，他就越发欺侮你。相反，把他的话当成耳旁风，不放在心上，满不在乎是最好的办法。

人生箴言

语言可以表现出一个女人的人格。即使是语言比较笨拙的女人，只要具有发自内心的关怀对方的心情，其心情就能在话语间充分流露出来。

巧舌如簧，做个语言高手

1. 指黑说白的讽刺

曾经看过这样一则现代幽默故事：

某天，有两个工人在评价他们的厂长。

“厂长看戏怎么总是坐在前排？”

“那叫带领群众。”

“可看电影他怎么又坐中间了？”

“那叫深入群众。”

“来了客人，餐桌上为啥总有我们厂长？”

“那是代表群众。”

“可他天天坐在办公室里，车间里从不见他的身影，又怎么讲？”

“傻瓜，这都不懂，那是相信群众嘛！”

谁都明白这两位工人在心照不宣地指鹿为马，指黑说白地讽刺他们厂长的工作作风，虽然显得名不副实，却有很强的幽默感。

2. 舌尖生花的本领

吹牛拍马、夸夸其谈、哗众取宠固然不可，但巧舌如簧、舌尖生花却不可无，总之要在“巧”字上下功夫，这样，你的事业才能如鱼得水，左右逢源。舌头是圆的，也是软的，又软又圆的舌头能把丑话说成好话，也能把好话说成丑话。

著名的寓言大师伊索年轻时曾给一位贵族当奴仆。一天，主人设宴，宴请城中的风流名士。主人传下话来，让伊索准备最好的酒肴待客。

伊索接到主人的命令后，四处收集各种动物的舌头，办了一个舌头宴。开宴时，主人大吃一惊，忙问："这是怎么回事?"伊索笑着回答："我尊敬的主人，您吩咐我为这些高贵的客人办最好的菜，舌头是引导各种学问的关键，对于这些名士、贵族们来说，舌头不是最好的菜吗?"客人听后，一个个都发出赞赏，主人也对伊索的机智表示赞许。

次日，主人又吩咐伊索说："明天再给我办一次酒宴，菜要最差的。"次日，开席上菜时，依然是舌头。主人见状勃然大怒。伊索却不慌不忙地说："难道一切坏事不是从人口中出来的吗？舌头既是最好的，也是最坏的东西啊!"主人听后无话可说。

3. 光明堂皇的谎言

在某大学的女生宿舍里，有3个女孩子是好朋友。一天，其中的一个女孩买了一件绿色的毛衣，很是喜欢。于是，她就喜滋滋地穿在身上，问其他两位好友："漂亮吗?"

其中一个女孩子瞟了一眼，很直接地说道："不太合适，像春天里的一棵大葱。"这时另一个女孩子的评价显然就聪明得多了，她说道："非常超前，我刚刚看过时尚杂志，某位著名设计大师说绿色将是他下款设计的主打色……"

尽管两位好友都没有说谎话，但由此引发的效果却是截然不同的。

大千世界，芸芸众生，各依各的姿态性情生活于世间。有人开朗，有人内向；有人持重，有人活泼。总体来说，活泼外向的人更有亲和力，能言善辩者更能得到上司的赏识。相比之下，讷言罕语，内向型的人，出头的机会就要少得多了。你默默地工作，默默地奉献，可你口讷嘴笨，不会适时汇报和表功。你的功劳可能就无人知晓，有时甚至还会让能言善辩者据为己有。

都说人类是万物之灵，究其原因，大概就是因为人类语言器官特别发达，诸事都能用语言交流，比如演讲、汇报、表功、弹劾、谗言、诽谤等。因此，作为人类之中的一分子，你不能巧舌如簧，那后果也就可想而知了。

人生箴言

社会是一本难懂的大书，一个人要想融入社会、顺应社会，良好的口才起着举足轻重的作用，锻炼好口才势在必行。

受人欢迎的7种武器

一个和颜悦色、和蔼可亲的人总能让对方心情舒畅。与人谈话的态度如何，一定程度上决定你是否受人欢迎。怎样才是良好的谈话态度呢？

1. 先思而后言

每当说话之前，应对自己所要说的话稍作思考。思考的好处有两点：

(1) 知己知彼

知己知彼，即一方面对自己的性格、脾气、心境有个正确的估计，设置自我“警戒线”。同时对对方的个性、爱好兴趣等有个概略的了解。

(2) 对谈话本身有所准备

谈话前，对谈话的内容、提问的方式，语言、声调等有所准备。有些人虽常常参加各种社交活动，但从不注意自己的谈吐。他们常是心不在焉地胡乱言论，从不想想他们在讲些什么，为什么要讲，怎么讲等。讲话不思考、无准备，或文不对题、无的放矢，给人以浅薄之感。

比如，一位年轻母亲对坐在她旁边的未婚男青年讲述她婴儿的各种调皮和儿语，使对方十分尴尬。再比如，一个青年人不断谈论自己的父亲的权势，这不但使听者厌烦，而且会引起对方对其夸耀的对象的反感，反而使其热爱的人的名誉也受到不公平的影响，这实在是得不偿失。

2. 表现出兴趣

对方讲话时，要注意倾听，如果你望天望地望别处，或是玩弄着小物件、翻弄报纸书籍等等，别人就会以为你对他的话没有兴趣，会很扫兴。

在人多的时候，你还不能只对其中的一两个你熟悉的人发生兴趣，你要把注意力分配到所有的人身上；对于那些话说得很少，或是精神不太自在的人，你更要特别留神，找机会特别关照一下他们。你的注意、你的关心，对他们是一种尊重和安慰，正好可以把他们从冷落中挽救出来。

小李的孩子才5个月大，患了重症肺炎，医生说要住进重症监护室，看着孩子急促的呼吸、轻度发黑的小嘴，小李没了主意，她忐忑不安地交了住院费，匆匆忙忙地来到了住院部ICU病房的门口按了门铃，护士小张走到小李跟前，摸摸孩子的头并亲切地问："是住院吗？"

小李说："是的，孩子病得很重。"

小张说："别着急，快进来吧，把孩子交给我，我们已接到急诊室的通知，准备了氧气，马上给她上氧。您坐这里稍等一下，医生马上过来问病史。"

孩子低声呻吟着，小李不情愿地将孩子交给了小张，小张见状，边接过孩子边说："宝宝好可爱，有四五个月了吧，长得好乖，阿姨抱抱。"小张轻轻地接过宝宝，哄个不停，宝宝也不哭不闹了，小李顿时觉得放心了。

这个案例告诉我们：找准感情的共同点，有效沟通就有了良好的开端。情感上保持同步是达到思维同步的前提，要使沟通和谐，情感的同步不容忽视。

3. 表示友善

如果你对别人表现出刻薄的神情，或者你对别人所谈的话表示冷淡或鄙视，那么对方谈话的兴趣也就消失了。

没有经验的人，一听到不喜欢的话，立刻就表现出不快和不满来，把彼此的关系弄坏、搞僵，而失去了继续交谈、深入了解的机会。

哪怕你不喜欢听他的话，或者你不同意他的意见，但是你对他本人还应该表示友善，不要因为他说了一句不得体或不适当的话就否定了他的人格。你尊重他，并不妨碍你表示与他有不同的意见。

4. 轻松、快乐、幽默

真诚、温暖的微笑是打开别人心灵的钥匙。人的心灵好像对温度有强烈的敏感，遇见抑郁的、冰冷的表情就凝结了起来，硬了起来，但遇见了欢乐的、温暖的笑容就柔软了，融化了，活泼了。所以，真诚的、温暖的微笑，快乐的、生动的目光，舒畅的、悦耳的声调，就像明媚的阳光一样，使一切欣欣向荣，使谈话进行得生动活泼，使大家谈笑风生、畅所欲言、心旷神怡。

幽默感需要慢慢培养，它是一种兴致的混合物，富于幽默的人，常常能使客厅中充满欢声笑语，有时一个笑语，或是两句妙语，就能驱散愁云，消去敌意，化干戈为玉帛，化凶戾为吉祥。

清朝文学家纪晓岚也是一位诙谐幽默的人，常能出语惊人，解难化愁。

据说，他在陪伴乾隆皇帝读书时，一天久等皇帝没来，不免自言自语道："老头儿怎么还没来？"谁知话音刚落，乾隆已来到他面前。

皇帝厉声责问："'老头儿'三字如何解释？"纪晓岚急中生智，从容答道："万寿无疆曰'老'，顶天立地曰'头'，父天母地日'儿'。"乾隆受到如此恭维，火气也就压了下去，一场干戈顿时化为玉帛。

幽默还表现出一种诙谐，一种才华，一种智慧，使人们能置身于轻松有趣又能领悟哲理的环境当中。因此，幽默成为大家共同追求和倡导的一种品质。

赵忠祥在主持《正大综艺》节目时，曾说过一个自嘲式的幽默段子。他说："我说我怎么控制不住，好像喝凉水都长肉啊！我就去找一位熟悉的医生。他给我开了一个方子，他说：'你每天只能吃两片面包。'好啊，什么药都不要吃，只吃两片面包。我挺高兴，就走了。走老远，我又赶紧回来问，'究竟是饭前吃，还是饭后吃呢？'"

不吃药当然好，只吃两片面包，对赵忠祥小菜一碟。可他却问医生"究竟是饭前吃，还是饭后吃呢"？这句话一般指药物，医生的意思是要他减少食量，而他误认是为三餐之外的零食，想来他减肥是天方夜谭了。观众自然喜欢他主持的节目。赵忠祥把自己的缺点转化为自己个性的展现，通过恰当的自嘲表现出他乐观向上的生活态度，给人留下憨厚可爱的印象。

5. 适应别人

跟别人谈话多关心别人，重视别人的口味，善于适应。如果你跟自己趣味相投的人在一起就舒服，话多得很，一遇见趣味不投的人就感到别扭，不想开口。像这样依着自己的脾气去接近别人，真正投机的人就少了。

有的人喜欢讲大道理，有的人喜欢高谈阔论，有的人喜欢娓娓而谈，有的人喜欢深思，有的人拙于应对，你都要能调节自己去迁就一下别人的兴趣与习惯。

有满腹经纶的，让他尽情地宣泄；守口如瓶的，由他吞吞吐吐；失意的，多给予一些安慰与同情；软弱的，多给予一点鼓舞和激励。假如对方对某一个问题产生特别强烈的兴趣，就让他在这方面继续发展，畅所欲言；假如对方对某一个问题不想多谈，就及时转换话题把谈话引到另一个方向，免得引起不快面。

6. 谈话要看对象

交谈不是一味地发泄自己的感想和情绪，而是一种合作的程序。各种年龄、各种职业、各种地位的人都有各自不同的趣味，都有不同的语言和习惯。因此，在交谈中选择什么样的话题，采用什么样的语言和口吻应当有所不同，这样大家才能感到都是“自己人”，否则便会产生无形的隔阂。

比如：你不要对未婚青年谈育婴问题，不要和艺术家谈理财，不要和残疾人谈运动等等。如果你缺少广博的知识和控制谈话的能力，你可试着从对方的话语中找出他的兴趣所在，让他对自己有兴趣的题目发表看法等等。

一般说来，一个人感兴趣的东西多是他知识储备中的精华部分。即使你原无此兴趣和爱好，又何妨不听一听以扩大自己的知识面呢，而且说不定你就会对这些爱好发生兴趣。

古时有这样一个笑话：

有两个学生要出去上任做官，特地前去拜他的老师，询问做官的诀窍。老师说：“现在这世道说实话是不行的，碰到人就给戴顶‘高帽子’，这就行了。”

其中一位赶紧附和道："老师的话千真万确，今天像老师您这样不喜欢戴'高帽子'的又有几个呢!"老师听后很高兴。

出门后，这个学生就对另一个学生说："'高帽子'已送出去了一顶。"

多数人大概不会反对别人给自己"戴高帽子"的，也即是或多或少喜欢听别人的恭维话。因此，当您在与他人说话"离谱"的时候，如能随机应变，不失时机地给对方递上一顶"高帽子"，顿时会扭转尴尬难堪的局面。

7. 谦虚有礼

谦虚有礼是一方面真诚地尊重对方、关心对方的需要，尽力避免伤害对方。另一方面严格地要求自己，对自己的意见与看法带着一种"可能有错"的保留态度，虚心地听取别人的意见，关心别人的感受和反应。

谦虚有礼决不是说一些不着边际的客气话，那样不仅不能与人真诚交流、愉快沟通，而且还会适得其反，让人感觉你虚伪又无聊。

1991 年 11 月，中国电影的最高奖"金鸡奖"与"百花奖"在北京同时揭晓。李雪健因为主演《焦裕禄》的主角焦裕禄而同获这两项大奖的"最佳男主角"奖。李雪健在颁奖会上致答谢词的时候说："苦和累都让一个好人——焦裕禄受了；名和利都让一个傻小子——李雪健得了……"他话音刚落，全场掌声雷动。

他恰如其分地运用对比的两句话，既歌颂了焦裕禄的高尚品质，又表达了自己受之有愧的心情，他谦虚有礼，而且具有幽默感，给人留下了美好而深刻的印象。

人生箴言

我们常常在谈话中不自觉地犯这种那种的错误，碍于礼貌，也不可能有人公开来提醒我们，这只有靠我们自己留心自己的讲话，注意对方的反应，这样才能发现自己不适当的话题和词句。三思而后言就成为我们交谈时的准则。

第八章

内方外圆，言语变通

内敛与方圆是一种修养，也是一种做人与做事的艺术。要想善于把握机遇，发挥自己的优势，就需要我们懂得内敛做人的诀窍；要想如愿以偿地达到某种目的，就需要我们悉知方圆做事的技巧。

用你的虚心，成全别人的好胜心

法国哲学家罗西法古说："如果你要得到仇人，就表现得比你的朋友聪明与优越；如果你想得到朋友，就让你的朋友表现得比你自己更聪明优越。"罗西法古毕竟是大哲学家，简单的一句话，就精确地道破了人与人之间相处的原则，也掌握住了人们在面对别人的优势与能力时的微妙心理变化，以及这种变化带来的结果。

为什么这样说呢？根据心理学家分析，当自己表现得比朋友更聪明和优越时，朋友就会感到自卑和压抑；相反，如果我们能够收敛与谦虚一点，让朋友感觉到自己比较重要时，他就会对你和颜悦色，也不会对你心存嫉妒了。

亨莉小姐现在是纽约人事局最有人缘的介绍顾问，但是，她也曾经是一个让同事们羡慕、嫉妒，甚至讨厌的人。原因是，她刚到公司的时候，最喜欢吹嘘自己以前在工作方面的成绩，以及自己的每一个成功的地方。同事们对她的自我吹嘘感到非常讨厌，尽管她所说的都是千真万确的事实。为此，亨莉小姐很是烦恼了一段时间。

最后，亨莉小姐甚至无法在公司里继续工作了，所以，她不得不向成功学大师拿破仑·希尔请教。拿破仑·希尔在听了她的讲述之后，认真地说："唯一的解决方法，就是隐藏自己的聪明，以及你所有优越的地方。"

拿破仑·希尔继而说道："他们之所以不喜欢你，仅仅就是因为你比他们更聪明，或者说你常常拿自己的聪明向他们展示。在他们的眼中，你的行为就是故意炫耀自己，他们心里难以接受。"亨莉小姐听后恍然大悟。

她回去后就严格按照拿破仑·希尔的话要求自己，在公司几乎不谈自己的聪明以及那些曾经的成功；相反，她非常认真地倾听公司其他人口若悬河的谈论。很快，公司的同事们就改变了对她的态度，慢慢地，她成了公司最有人缘的人。

不要让别人觉得你比他更聪明，这样，你就能得到更多的朋友，还会减少竞争对手，避免产生与人不必要的争斗。

比如，他人和你有一样的某种特长，对方和你比赛，你必须让他一步，即使他人的技术敌不过你，你也得让对方获得胜利。但是，也不能一味地退让，一味退让便表现不出你的真实本领，或许会使对方误认为你不太高明，认为你无足轻重。

因此，你和对方比赛时，应该施展你的相当本领，先造成一个均势之局，使对方得知你并不是一个弱者，进一步再施小技，把他逼得很紧，使他神情紧张，才知道你是个能手，再一步，故意留个破绽，让他突围而出，从劣势转为均势，从均势转为优势，结果把最后的胜利让予对方。对方得到这个胜利，不但费过很多心力而且危而复安，精神一定相当轻松，对你也有敬佩之心。

不过在安排破绽时，必须要自然得当，千万不要让对方看出这是你故意使他胜利，否则便感觉你这个人非常的虚伪。所面临的困境，是起初你还能以理智自持，比赛到后来，感情一时冲动，好胜心勃发，不肯再做让步，也是经常会出现的事。或在有意无意之间，无论在神情上、语气上还是在举止上，不免流露出故意让步的意思，那就白费心机了。

生活中往往会有一些人，无理争三分，得理不让人，小肚鸡肠；反之，有一部分人真理在握，不吭不响，得理也让人三分，显得绰约柔顺，君子风度。前者，常常是由于生活中的不安定因素所造成的，后者则具有一种天然的向心力；一个活得叽叽喳喳，一个活得自然潇洒。有理，没理，饶人不饶人，一般都是在是非场上、论辩之中。如果是重大的或重要的是非问题，自然应当不失掉原则地论个青红皂白，甚至为追求真理而献身。但日常生活中，也包括工作中，常常为一些非原则问题、鸡毛蒜皮的问题争得不亦乐乎，以至于非得决一雌雄才算罢休。越是这样的人，越对甘拜下风的人瞧不顺眼。

时下里流行一句话："玩深沉。"实际上，在这种场合玩点深沉，正显示了一个人大度绰约的风姿。争强好胜者未必能够掌握真理，而谦和的人，原本就把出人头地看得很淡，更不用谈一点小是小非的争论了，根本不值得称雄。假如你有理，却表现得十分谦逊，常常能显示出一个人的胸襟之坦荡，修养之深厚。

人生箴言

如果你要得到仇人，就表现得比你的朋友聪明与优越；如果你想得到朋友，就让你的朋友表现得比你自己更聪明优越。

有一种沟通叫妥协

妥协对人们来讲，说起来简单，但有的时候做起来却很难。妥协的结局有时是退一步海阔天空、两全其美或者是皆大欢喜，但有时还会适得其反、会丧失尊严、会背信弃义。

有的人认为，妥协是无能的体现或是不进取的思维观，还有的人说妥协是顾大局、识大体、解决问题的最好的方式方法。

在竞争的社会里，你不是一个独立的个体，你随时需要和人去沟通配合才能达到个人的意愿。这时，就将难免面临抉择。当要做出抉择的时候，人的思维首先就是自私和个人的欲望，当双方彼此个人的欲望占据上风，争执无果时，要双方沟通协商解决，那势必就有一方需要妥协。妥协不只是简单的一句话而已，它当中包括情感的积累、你平时做人的原则、人品以及对人的友善，这都是你达到个人目的所需要铺设的道路的基石和桥梁。因此，人们常说先做人再做事情，正是这个道理。

从尘世的现象来看，不只功名富贵是假象，人要看得透彻、认得真切，才可以担负天下的重任，也才可以摆脱世间功名利禄的束缚。这就要求人必须学会妥协。

妥协，是人类文明进步、社会繁荣发展的助推器和减灾器。国与国之间学会妥协，就能给世界和地区带来和平与发展；企业之间学会妥协，就能给双方带来合作与双赢；领导班子成员之间学会妥协，就能给团队带来合力和凝聚力；家庭成员之间学会妥协，就能使家庭免于破裂、促进和睦、保持亲情和温馨！

妥协就是求同存异，妥协就是除弊存利，妥协就是寻找双方利益的结合点，妥协就是从照顾对方利益中获得自己的利益。所以，妥协是一种高智慧、高艺术，也是一种高境界！

人应该先学会对他人和自己退让和妥协。能够把自己压得低低的，那才是真正的尊贵。一个人再聪明也不宜锋芒毕露，不妨装得笨拙一点；即使非常清楚与明白也不宜过于表现，宁可用谦虚来收敛自己；志节很高也不要孤芳自赏，宁可随和一点；在有能力时也不宜过于激进，宁可以退为进，这才是真正安身立命、高枕无忧的处世法宝。

与宽容同行，对自己或他人在生活、工作、学习中的过失、过错采取适当的“减压政策”，以防止事态扩大和矛盾加剧，避免产生严重的后果。

天地能够万古长存，可是人的生命却不可再次获得；人的一生只有百年光景，是最容易度过的。有幸生活在世界上，不能不知道拥有生命的乐趣，也不能够不时常担忧是否会虚度一生。让我们将事前的忧虑，换为事前的思考和计划吧！所以，我们还要懂得心态平和快乐地进取。如果有什么事情值得去做，就得把它做好。再长的路，一步步也能走完；再短的路，不迈开双脚也无法到达目的地，任何业绩的质变都来自于量变的积累，成功不是将来才有的，而是从决定去做的那一刻起，持续累积而成的。所以，很多时候，需要你向他人或环境妥协。你的事业才能减少摩擦，少走弯路，走向成功。

人生箴言

学会妥协也未必不是一种美德。当你真的遇到一些矛盾和难以解决的问题时，妥协将是一种最好的沟通方法。

像水一样为人处世

“水”是生命之源，也是为人之鉴。仁者乐山，智者爱水。智者爱水，在于水的品格。老子认为人生若水，“上善若水”。人生若水，指的是人当洁身自好，其品行像一泓清水一样清澈透明，其生存意志当像山涧溪流淙淙而下，欢快奔流，直至江河大海，永不停息。

“上善若水”，是指人生达到的一种境界。老子认为当一个人处世若水之谦卑，存心若水之亲善，言谈若水之真诚，为政若水之条理，办事若水之圆通，行动若水之自然，交往若水之清淡，人品若水之纯洁时，便进入了“水”之境界，这就达到了一种至善、至真、至美的境界。

水，阴柔无比，无形却无不形，随圆而圆，随方而方，甘心停留于最低洼和最脏处，那样安于卑下不与万物争，天下之物莫柔于水，但任何攻坚克强的东西都不能胜过它，因为世上没有别的东西可替换它，也没有别的东西可以与它相比。即使平静无澜的水流下也潜伏着强大的力量。大江大河从远处眺望，表面上平波如镜，但是你只要一接近就会感到江水的洪大气势，处处暗藏漩涡，隐伏着巨大的能量。一个人并不需要处处占上风，出风头，也不需要处处与人相争，只要像水那样，具有柔软、谦虚和蕴藏力量的素质，就能在不知不觉中战胜对手，此乃为以柔克刚之理。

水总是向着低处流，百川归海。大海之水，浩瀚无比，它之所以能成为百川之王，就在于它心胸开阔，甘为下者的缘故。有道是空穴来风，有容乃大。琴瑟和鸣，箫笛同奏，之所以能发出悠扬婉转、美妙动听的声音，就在于它们有“空”有“容”。如果人能够从水中受启迪，向水看齐，那么，一定会虚其心，去其强，甘为人下，为而不争，进入到一个更高的自由境界。

水又为“通达之渠”。人们也将彼此间看法的交换，称之为“沟通”，从文词上就能看出与“水”有相当的关系。水，避高趋下，营造形势，包围并吞，无所不及，无孔不入。中国的“沟通”哲理，从文字上已看出巨大的端倪。中国式的沟通，并非如同西方谈判的绝对方式，谈得成就决议，谈不成就破裂走人。而是经过复杂的过程，达到明确的结果。先是，必须避开对方的坚持，再将他的坚持化成对我们意见的助力，化成与我们看法的融合；最后，共同达成我们的目的。中国人的沟通，似“水”融入各种物体般地柔和，在包容后，却无一不化为水的一族。水的形体虽变化万千，可为固体、液体、气体，但其本质却永远是水。

人生尘世，很难免除私心杂念的干扰和官权利禄的诱惑。激烈的竞争、金钱的崇拜、生活的变幻、信息的更新、欲望的膨胀等等，都让现代人无所适从。一些聪明人争先恐后，千方百计，无所不用其极，结果贪多嚼不烂，事业不成，心如沸水，苦恼无限，人生愁多。若心无旁骛，心静如水，专心致志，一心一意，专注一事，就少了许多社会环境、外界因素的无谓干扰，更多了一份内心的宁静、充实与自由。

世事变化无常，做人的道理千千万万，但是，其要点是圆通，该坚持时，绝不放手；该放手时，绝不犹豫。不依固定的模式，根据环境的变化以求自身相应的变化，像溪中水无形，空中气无态，天上云无状。使自己能更快地融入所在的环境，更好地展现自己的能力。

人生箴言

世事变化无常，做人的道理千千万万，但是，其要点是圆通，该坚持时，绝不放手；该放手时，绝不犹豫。

处世要机智，为人要圆滑

“圆滑”这个词总被人认为是一个反面词。每当人们谈到这个词总是带着鄙夷的口气，所以如果身边有这样的人，那么此人就一定会被视为异类。但是我们不难发现，自古至今，所有获得成功的人无不是把这种圆滑当成是自己为人处世的准则。他们之所以如此，不过是为了变通的需要，以更好地适应一时一事而已。

但是这并不是在告诉人们可以处处圆滑，随时圆滑。圆滑也是有尺度的。所谓的尺度就是，在处理具体事情的时候，我们可以灵活把握尺度，依情况不同而采取不同的处理方法，但是我们要时刻确保我们的内心要诚实忠厚，要保持诚信。应该坚持的事，要能坚定地表达自己的意见；可以妥协的事，要能设身处地为他人着想，做出适当让步。什么事都和别人针锋相对，会使矛盾激化；而事事附和，阿谀奉承，则会被人看成是顺风倒，遭人鄙视。

纪晓岚，谥文达，世称文达公，河北沧州崔尔庄人。乾隆十九年中进士，授为翰林院庶吉士，编修，因学识渊博所以一直深受乾隆赏识。

纪晓岚有一个特点就是长得胖，所以每年到了夏天，他都因炎热而倍受折磨。但按照当时的君臣礼仪，官员见皇帝时，无论什么情况，都要穿戴整齐。这让纪晓岚头疼不已。自己本来就怕热，大热的天还要里三层外三层地穿上朝服，简直是无法忍受。

有一段时间，纪晓岚在南书房供职。因工作需要，他要经常去面见皇帝，每次他都是满身是汗地出来。所以他一回到南书房第一件事就是赶紧脱衣纳凉，等凉快完了，再把衣服穿好才出宫。不知怎的，这件事被乾隆知道了，乾隆感觉很好笑，就想找机会戏弄他一下。

一天，乾隆在养心殿召见纪晓岚，谈完了事情之后，纪晓岚快步回到南书房，赶紧脱衣纳凉，光着膀子就和几个同僚聊起天来。就在这时，乾隆突然走了进来。

几个同僚一见是皇上来了，连忙披起官袍，跪伏在地。纪晓岚眼神不好，等他看清是皇帝时，已经来不及穿衣了。情急之下，他钻到桌子底下，不敢抬头。乾隆一看纪晓岚那狼狈样儿，就更想戏弄他了。于是就坐了下来，久久不走。

此时，跪在地上的同僚当然可以忍受，可是纪晓岚却是爬在桌子底下，实在是热得不行了，便轻声地问同僚："老头子走了没有?"乾隆皇帝一听觉得好笑，却佯作恼怒的样子，大声喝道："纪晓岚无礼，竟敢说出这种无礼的话！没穿官服还可饶恕，'老头子'三字做何解释？你说得有理倒也罢了，说不出理来，定斩不赦!"

纪晓岚不慌不忙地说："臣尚未穿衣，不好回话。"乾隆叫人拿衣服给他穿上。纪晓岚穿好了衣服，乾隆又问：大胆纪晓岚，竟然直呼朕是老头子！真是大逆不道!"纪晓岚从容答道："万寿无疆之为'老'，顶天立地之为'头'，父天母地之为'子'。"纪晓岚话音未落，乾隆便哈哈大笑起来，连连称赞纪晓岚说得好。就这样，纪晓岚靠一番灵活机智的辩解化险为夷，还顺便拍了皇上的马屁。

为人处世，适当地圆滑一下没什么不好。这是一种拥有良好交际能力的表现。适当地圆滑可以让你脱离险境，免于尴尬，还可以让你赢得一个好人缘，这是一箭双雕的好事。试想，如果你凡事都不肯低头，直来直去，硬拿鸡蛋往石头上撞，结果会是怎样的呢？轻则你会因此而处处碰壁，重则你会得罪于人，置自己于不利之地。

人生箴言

成功往往都属于有心计、会算计的人，因为这样的人处事机智，为人圆滑，往往在化险为夷之后，还能为自己打开一条出路。

包容他人，就是善待自己

有句俗话说得好：“进一步山高水长，退一步海阔天空。”圆滑人际关系的智慧之一就是知道退让，学会让步；其二则是切忌抱怨他人，指责他人，而应该包容体谅。这个道理大家都清楚，欠缺宽容的态度不可能建立起圆满的人际关系。

别人如果有缺点，不应该以此为把柄，尽其所能地挖苦讽刺，来显示自己的优秀，应该尽力为其遮掩。对别人一些有害于他的成长或者处世的行为，应该善加指点而不是愤而疾之，否则便是以顽济顽了。有的人专门喜欢当众揭别人的短，这样，也暴露了自己没有修养的缺点，这种人是不是太愚蠢了呢？

批评别人不要措辞过于偏激，要考虑别人的感受；教别人做好事，也要“从善如流”，低调行事，同时还要考虑，要在对方的能力范围内。《菜根谭》中进一步论述道：“不责小人过，不发人隐私，不念人旧恶。三者可以养德，亦可以远害。”可见凡事不要逼人太甚，如此一来不仅可以修养自己的品德，也能够避免灾祸。

这些主要是提醒我们，在与人相处时要随时体谅他人，在温和且不伤害他人的前提下，适宜地帮助别人。孔子也曾说过：“严以律己，宽以待人。”以苛刻斥责的态度对待别人，即使是好意，也容易遭致他人的怨恨，如此一来反而无法达到目的。如果要避免遭受无益的困扰，关键在于宽容他人。

生活中发生的一些事情，越是急于调查真相，反而愈搞愈不明白，欲速则不达。不如放宽心思，理清头绪，任其自然发展，慢慢再查个水落石出；若是强行调查，操之过急，强行破坏他人的生活规律，就会引起别人的愤怒和反感。同样，在指使别人时，若是巧施心机强欲操纵，反而会引起对方不满，所以不如顺其自然，使对方心悦诚服地遵从。

宽以待人，也是处理好人际关系的重要法则。说起来容易，做起来难，我们来看这个例子：

汉代的班超出使西域，一路上遍播大汉的国威，取得了不错的效果。在这些国家中，只有龟兹恃强不从，班超便去结交乌孙国。乌孙国王派使者到长安来访问，受到汉朝友好的接待。使者告别返回，汉章帝派卫侯李邑携带不少礼品同行护送。

李邑等人在护送过程中，途经天山南麓，来到于阗，传来龟兹攻打疏勒的消息。李邑害怕，不敢前进，于是上书朝廷，中伤班超只顾在外享福，拥妻抱子，不思中原，还说班超联络乌孙、牵制龟兹的计划根本行不通。

班超听说了这件事情以后，便大概知道了内幕，叹息说："我不是曾参，被人家说了坏话，恐怕难免见疑。"他便给朝廷上书申明情由。

汉章帝也不糊涂，他相信班超是一个值得信赖的人，派人送书信责备李邑说："即使班超拥妻抱子，不思中原，难道跟随他的一千多人都不想回家吗?"诏书命令李邑与班超会合，并受班超的节制。汉章帝又诏令班超收留李邑，与他共事。李邑接到诏书，无可奈何地去疏勒见了班超。

班超宽宏待人，没有和李邑计较，反而很好地接待李邑。他改派别人护送乌孙的使者回国，还劝乌孙王派王子去洛阳朝见汉帝。乌孙国王子启程时，班超打算派李邑陪同前往。

这正是个报复李邑诽谤自己的好机会，因此有人建议班超说："过去李邑毁谤将军，破坏将军的名誉。这时正可以奉诏把他留下，另派别人执行护送任务，您怎么反倒放他回去呢?"

班超十分生气地对那个人说："如果把李邑扣下的话，的确是可以报复他，那就气量太小了。正因为他曾经说过我的坏话，所以让他回去。只要一心为朝廷出力，就不怕人说坏话。如果为了自己一时的痛快，公报私仇，把他扣留，那就不是忠臣的行为!"

李邑听到班超的这番话后，对班超十分感激，同时也十分羞愧，从此再也不诽谤他人了。

由此看来，在处理复杂的人际关系时，宽容不失为一剂利人亦利己的良药。

人，总是这样，在事情发生后，老是能清楚地指出别人的缺点，却暗于自见，所以在斥责他人的时候，容易忽视自身的缺点，而严厉地指责对方的不是。这样很容易引起别人的厌恶和反感，丧失说服力。所以人要给对方留面子，要有体贴心，不要去指责别人的小过失，不去攻讦隐瞒的私事，更不要去揭别人的旧疮疤。

人生箴言

圆滑人际关系的智慧之一就是知道退让，学会让步；其二则是切忌抱怨他人，指责他人，而应该包容体谅。

用对心计做对事

做事有心计的人不靠运气做事，而是靠计划做事。做事没有计划，一味地瞎忙，是没有任何效率可言的。在这个以效率为先、靠业绩说话的时代，仅仅埋头苦干是不够的，更重要的是要用脑子动心计，学会聪明做事，忙要忙在点子上，这样才能在短时间内做出大成绩。

讲究方法，善于安排，才能把事情做对，才能提高做事的效率。

美国企业家罗兰德·威廉姆斯说："一个桌上堆满很多文件的人．若能把他的桌子清理开来，留下手边等待处理的一些文件，就会发现他的工作更容易，也更实在。我称之为家务料理，这是提高效率的第一步。"

光是看见桌上堆满了还没有回的信、报告和备忘录等等，就足以让人产生混乱、紧张和忧虑的情绪。更坏的事情是，经常让你想到有 100 万件事情要做，可自己就是没有时间去做它们，这样不但会使你忧虑得感到紧张和疲倦，也会使你忧虑得患高血压、心脏病和胃溃疡。

以前担任过美国最高法院大法官的查尔斯·伊文斯·休斯说："人不会死于工作过度，而会死于浪费和忧虑。"不错，他们之所以忧虑，是因为他们的工作似乎永远做不完。

所以，良好的做事习惯之一就是：清除你桌上所有的纸张，只留下与你正要处理的问题有关的东西。

遍及全美的都市公司的创始人亨利·杜哈提说，不论他出多少钱的薪水，都不可能找到一个具有两种能力的人。这两种能力是：思想的能力和按事情的重要程度行事的能力。

查尔斯·卢克曼，从一个默默无闻的人，在12年之内，变成了派索登特公司的董事长，他说这都归功于他具有亨利·杜哈提所说的几乎不可能找到的那两种能力。

查尔斯·卢克曼说："就我记忆所及，我每天早上都在5点钟起床，因为那个时间里我的思想要比其他任何时候更清楚——那时候我可以考虑周到，计划一天的工作，计划按事情的重要程度来决定做事的先后次序。"

所以，第二个做事的好习惯就是：根据事情的轻重缓急行事。

豪威尔说，当他在美国钢铁公司任董事的时候，开董事会时总要花很长的时间在会议里讨论很多很多的问题，达成的决议却很少。其结果是，董事会的每一位董事都得带着一大包报表回家去看。

最后，豪威尔先生说服了董事会，每次开会只讨论一个问题，然后做出结论，不耽搁、不拖延，结果非常惊人，大大地提高了效率。所有的陈年旧账都清理了，日历上干干净净的，董事也不必再带着一大堆报表回家，大家也不会再为没有解决的问题而忧虑。

这个做事的技巧不仅适用于美国钢铁公司的董事会，也适用于你和我。

这就是第三个良好的做事习惯：当你碰到问题时，如果必须做决定，就当场解决，不要迟疑不决。

下面是第四个良好的做事习惯：学会如何组织、分层负责和监督。

很多生意人替自己挖下了坟墓，因为他不懂得怎样把责任分摊给其他人，而坚持事必躬亲。其结果是，很多枝枝节节的小事使他非常混乱，使他总觉得很匆促、忧虑、焦急和紧张。

我们要学会分层负责很不容易。如果找来负责的人不负责任，也会造成很大的灾难。

但是分层负责虽然很困难，一个做上级主管的，如果想要避免忧虑、紧张和疲劳，则非要这样做不可。

人生箴言

在这个以效率为先、靠业绩说话的时代，仅仅埋头苦干是不够的，更重要的是要用脑子动心计，学会聪明做事，忙要忙在点子上，这样才能在短时间内做出大成绩。

凡事不可硬撑

凡事不可硬撑，这像我们平常穿鞋一样，合适与否只有脚知道，能穿就穿，不能穿就不要穿，否则痛苦的只有自己，做人做事也是如此，不能为了那一层虚有的“面子”而死扛着，到最后痛苦的只有你自己。

“面子”是许多中国人的观念中又一个重要的概念。在外国人眼里，中国人不仅是一个重人情的民族，更是一个爱面子的民族，多数中国人对于面子的敏感，使面子成为他们保护自我的甲胄。在他们的自我系统中，他们经常是“被人看的”，而较少“自己看自己”。在“被别人看”的感觉中，他们对于真实的自我总是有一种好像“知道又不清楚”的模糊感。有时候他们也清楚自己在想什么，也清楚自己想有某种需要。但是，他们的想法和行为却不能一致地表现出来。由于受到“面子”的影响，他们必须赋予他们的行为某种装饰，此种装饰是为了在外观上让别人看了有更高的评价，甚至最后的行为是否真正地符合自己的需要，那已经没有多大关系了，因为很多人把自己生活的目标定为“让别人看得起”。

在人际交往中，很注重给别人面子，也是为了给自己面子，也有人为了面子死撑着，因为给别人面子同样也是自己有面子的表现。中国人大多很重视面子，也总是去评价别人有没有面子。多数中国人总是希望自己比别人更有面子，在这种对于面子的追逐中，他们都努力使自己更有面子，其结果是大家都越来越重视面子，面子在社会中所发挥的作用也越来越大。

“上等人”要面子，“下等人”也要面子，为了面子可以借钱结婚，借债办丧；为了面子，可以把“盛宴”说成“便饭”，“困难”说成“简单”……

凡事都有度，过之不可，不及也不行。面子之“度”需要人们在生活中慢慢揣摩。衣锦还乡是一种面子，为了这面子，激励了多少人在家乡之外忘我工作；升官晋爵是一种面子，为了这面子，激励了官吏们励精图治、造福一方；立功立德立言是一种面子，为了这面子，激励了人们去建立功勋、创立基业。司马迁因为仗义执言遭受宫刑，可谓奇耻大辱，让他失尽了面子，但他矢志不渝，终成千秋名著，“成一家言”。郑智化赤裸裸地唱道：“我扛着面子流浪在人群之中。”鲁迅自我解嘲：“破帽遮颜过闹市，漏船载酒泛中流”。异曲同工，这些反映了人们太过于在乎面子了。

害怕在众人面前丢人现眼，这可以说是人类的一大弱点。为了硬撑面子，有人宁愿挨饿受穷，饱受委屈。为了硬撑面子，有人甚至连生命也在所不惜。在中国历史上，耿直的黔敖因不食带有侮辱性的“嗟来之食”而甘愿饿死。在法国历史上，著名的星象家卡敦奴为了向世人证明自己预言的绝对正确而不惜付出了自己的生命。黔敖和卡敦奴为了保存面子，都付出了高昂的代价。可见死撑面子并不是好事，必定面子不能当饭吃，生存才是最重要的。虽然他们保存了面子，但是生命却没有了，也不能做更有意义的事了。试想一下，如果他们能把自己的面子肯放一放，说不定他们会做成更有意义的事来。

面子就像一个两面怪兽，一面写着笑容，一面露着狰狞；面子又像一柄双刃剑，能维护自己，也能伤害自己。人知道要脸面，怕在人前丢脸，这是人类进步的象征。厚颜无耻，不顾礼仪则是落后野蛮的标志。其实，面子的问题也是社会问题，更是心理问题。日本著名心理学家从文化氛围和生存环境出发，对人的面子观念进行了研究，他们认为：一切面子都和人的恐惧有关。貌丑的羞于见人，体臭的怕和人靠近，矮子怕说短，高个不言长，从黔敖和卡敦奴的死来看，这一切恐怕都和人怕丢丑的恐惧心理有着直接的关系吧。

爱面子不光是普通老百姓，生意人更是如此。做生意的人经常在场面上混，当然很爱面子。如果做生意的人不爱面子，他的生意就打理不下去，他的事业就会走下坡路。所以，每个在生意场上摸爬滚打的生意人都在小心经营自己的事业，生怕得罪了生意场上的相关人士、顾客等。

生意人往往将自己的商铺装修得非常气派，摆饰也很豪华，他们衣着光鲜，气宇轩昂。这就是他们做生意的面子，只有维护好了门面，生意才会兴隆。即使亏了本，也要撑着说盈利多少，不然的话，就没人愿意合作了。

面子上的事，确实让人很累，很辛苦。面子贴在我们脸上，像一层纸，薄薄的，但我们始终不想捅破它，有时我们会感到这一辈子都为面子而活着，有时候我们会感到面子给我们带来的沉重感觉，问题是我们无法摆脱面子，超然对待面子，也做不到丢弃面子。这就是做人的悲哀！有什么办法能改变人的悲哀，能让人们快乐起来呢？

那么你烦恼的根源是什么呢？是面子。这时候，你就不要做那些力所不能及的事，只求尽职尽责，不求十全十美；不因小小的失败而自责，也不为一时挫折而懊恼，应该把目标和要求定在自己能力范围之内，懂得欣赏自己的成就，自然会心情舒畅。

为了面子上过得去，硬是去做自己力所不能及的事，这样会快乐吗？

开启快乐的钥匙掌握在你自己手里。远离烦恼，你就有快乐；自己力所不能及的事，硬要撑着去做，这样做肯定会有烦恼。如果不用烦恼惩罚自己，你就有快乐；不做自己力所不能及的事，你就有快乐；对已经得到的心满意足，你就有快乐；宽容别人也宽容自己，你就有快乐；不嫉妒不抱怨不攀比，你就有快乐。总而言之，你想快乐你就一定能得到。

似水流年，光阴如箭。你快乐，日子一天天过去；你不快乐，日子还是一天天在逝去。表面看来，快乐和不快乐只是一字之差，一线之隔。但人生在世，总难免有些不尽如人意的事情让你丢掉面子，但真把面子捅破了，其实你并没有失去什么，只是让你真实的面对自己和他人，这些都是不必要的烦恼，何不抛弃种种烦恼去寻找原本属于你的那份快乐，让自己的每一天多一点阳光，多一份快乐呢？做不了的事，就别硬撑着，要有一种放得下的乐观的心态，有了这心态，也就有了发现快乐的眼睛，快乐就会像雾像雨又像风，时刻弥漫在你的空间，充盈着你的心灵。

既然如此，我们为什么不放下那所谓的面子，去寻找快乐，享受快乐，让充满阳光的每一天都快乐如风？真心希望那些放下面子的朋友快乐如昔！

人生箴言

有人生于富裕之家，有人生于贫苦人家；有的人没有怎么努力，过得很惬意，可有的人为了想和他人一样过得很富有，硬是撑着面子拼了一生，到老还是三餐不继。唯一能解释这种现象的说法是“人各有命”，也就是说，人的一生当中都会遇到许多力所不能及的事，对于自己无法改变或力所不能及的事，不要去忧虑，要拿得起，放得下，今天的放弃也是为了明天能够得到更多。不做自己目前力所不能及的事。条条大道通罗马，行行都能出状元。只要目标找准了，退一步海阔天空，放下面子，你的人生就会变得快乐起来。

大丈夫能屈能伸

《水浒传》中写到武松上景阳冈打虎之前曾有一段细节描写：武松读了印信榜文，方知有大虫。欲待发步再回酒店里来，寻思道：“我回去时，须吃他耻笑，不是好汉，难以转去。”如此一想，便说道：“怕什么鸟！且只顾上去！”这个武松明知山有虎，却因上山前跟店老板夸下海口，碍于自己的面子问题，他最终还是选择了继续上山。武松在明知山有虎的情况下，为了面子，性命也顾不了那么多了，说明他把面子跟气节一样看得比性命还要重要、值钱；结果武松打死了老虎，可以说这对他来说是幸运的，但我们却不可效仿这种精神。

面子不能当饭吃，能屈能伸才可称得上是真汉子。大丈夫能屈能伸，伸不代表张扬，屈不代表懦弱。尤其对于身在异国的人，就更得让人瞧得起。但要强调一下的是尊严不等于爱面子，死要面子的人最被人瞧不起，而且自己还活受罪！在当生命受到威胁时是生命重要还是面子重要？

古往今来，成大事的人就必定是能屈能伸的伟丈夫。一个人生活在这个世上有两种境界：一是逆境，二是顺境。在逆境中，在当困难和压力逼迫自己身心的时候，应懂得一个“屈”字，委曲求全，保存实力，以等待转机的降临。而在顺境中，幸运和环境皆有利于自身，那么在这个时候应当懂得一个“伸”字，乘风万里，扶摇直上，以顺势应时使得自己更上一层楼。

一个人从做人方面来讲，必需要做到有屈又有伸。一个人如果太过于伸，遇到一点事情就会不顾后果，迎难而上，这样的人就最容易会遭受挫折，人生苦短，又有谁能忍受几多挫折？与之相反，一个人如果太过于柔弱，遇到事情优柔寡断，就很容易错失良机，这样的人很难成就大事，一味软弱，终究是扶不起的阿斗。做人必须要做到能屈能伸，当刚则刚，当柔则柔，屈伸有度。

屈与伸对一个人是十分重要的，是一个人身上的最可贵品质，然而，屈伸也会存在一定的限度，遇到了一点困难与挫折宁折不弯是十分可贵的，但绝对不可为了脸面而不问原因一味地伸到底，要知道太过伸的人不能持久。更何况太刚强的人都是心劲儿足、血性大的一类人，他们一遇到困难都会耗尽自己的心血，硬撑死撑，直到精血耗尽为止，等到无可再撑，如此下去一旦折服就很难会有重新站起来的机会，因此，作为一个人应当做到该屈则屈，该伸则伸。

卓文君出生在一个富裕的家庭里，许多王公贵族的公子都接连前来提亲，她却连一个也没看上，到后来却偏偏爱上了穷光蛋司马相如。卓文君的父亲为此而被气得什么陪嫁也不给。婚后，两人穷得在成都实在生活不下去了，就只好回到了临邛，变卖车马，盘下了一个小酒店，做起了卖酒的小生意。千金小姐当垆卖酒，文弱书生当佣人酒保。生活所迫，身份、面子是根本不值钱的。正是有了卖酒的生活，才成就出了他们才了佳人的一段佳话尺蠖之屈，以求伸也。人生活在这个世间要吃饭，要生存，往往不得不委曲求全，以期找出新的出路。放下面子，能屈能伸才是一个人真正的立身之本。

对于一个做大事的人来讲，能屈能伸可称得上是成就事业所必须应该具备的基本素质。孟子说："天将降大任于斯人也，必先苦其心志，劳其筋骨，饿其体肤，困乏其身……"能在各种困境中忍受屈辱是一种能力，而能在忍受屈辱中负重拼搏更是做人的一种本领。小不忍则乱大谋，凡成就大业者莫非如此。

三国时期的司马懿，他抵御诸葛亮进攻的方法就是坚守不出。任凭对方在营前叫骂，他仍是闭寨不出。即使诸葛亮送给他女子的服装，以刺激他出战，司马懿还是坚守不出，还高兴地收下了礼物。司马懿想的是等到蜀军由于粮道崎岖难行，而断粮的时候，再出去赢战，蜀军必败无疑。

诸葛亮第六次出祁山，他自己统率一支人马，驻扎在五丈原，一再派人挑战，魏兵绝不出营应战。当时孔明把所有的招数都用完了，司马懿就是闭门不出，孔明突然想起要羞辱他一翻，于是孔明便取来一套妇人穿的服装，放在一个大盒子里，并附上一封书信，派人送到魏军大营。魏国的将领不敢隐瞒，便将来人引入去见司马懿。司马懿当众打开盒子一看，里面装有妇女服装一套，还有一封信，拆开信一看，见上面写道：

“你既出身为大将，统帅中原的大军，不敢武力相斗，以决胜负，却安于躲在土巢之中，小心地防避着刀箭，这与妇人有什么不同？现在我派人送去一套妇女的服装，你如果还不敢出战，便应恭敬地跪拜接受，如果你羞耻之心还没有泯灭，还有点男子汉的气概，便立即批回，定期决战。”

司马懿看后，心中大怒，但表面上却故作镇静，笑着说：“孔明把我看成了妇人吗？”他当即接受下来，并下令厚待送衣的使者。

魏军的其他将领得知这事情之后，无不气愤，来到大帐对司马懿大都督说：“我们都是魏国的名将，怎么能够忍受蜀军这样的侮辱？请允许我们立即出战，以决胜负。”马司懿说：“我并不是不敢出战而甘心忍受侮辱，无奈天子早就有了明确的旨意，令我们坚守不战，如果现在轻率出战，便是违抗国君命令了。”众将还是愤怒难平。司马懿说：“你们既要出战，等我向天子申报批准以后，大家同心协力迎敌，你们看怎么样？”众将都答应了。

司马懿便写好表章，派遣使者往合肥军前，奏闻皇帝曹睿。曹睿打开一看，只见上面写道：

“臣才能低下，而责任重大，陛下曾经明确指示，令臣坚守不战，等待蜀人自己败亡；无奈诸葛亮送来一身妇人服装，将臣视作妇人，耻辱太重了！臣谨预先奏请陛下：近日臣将拼死一战，以报朝廷之恩，以雪三军之耻。”

曹睿看完后，对众大臣说：“司马懿既已坚守不出，为什么又上表求战？”卫尉辛毗说：“司马懿本来不想出战，必定是因为诸葛亮这一番侮辱，众将愤怒，才故意上了这道表章，希望陛下更明确地重申一下坚守不战的旨意，以遏制一下众将求战的心情。”曹睿认为他说得十分有理，便命令辛毗持着皇帝的符节，到渭水北岸司马懿大营传旨，不许出战。司马懿迎接谓书到大帐之中，辛毗当众宣读道："如果再有人胆敢提出迎战，便以违抗圣旨论处。"众将只好按圣旨的意思去办。

司马懿会忍，抵御住了蜀军的进攻。但魏国的其他将军就没有他这么会忍了。在前几次的交战中，魏军面对蜀军的叫骂，他们不会坐以待毙，他们会立即出战，结果不是中计，就是遭到埋伏。不仅自己为国捐躯，而且丢掉了许多重要的关口、要塞。

可见，"忍"对一件事情发展的方向起了多么重要的作用。"忍"可以使你心中气和，静下心来思考和分析问题。能让你看清问题的本质，抓住解决问题的关键。

司马懿能忍受侮辱，坚持到底，显示出一个谋略家的卓越见地。我们可以想一下，如果司马懿为了脸面而奋勇出战，其结果我们可想而知。然而，司马懿却有着非同常人的自控力，做到忍辱负重，若不能做到如此，就可称是愚昧、是懦弱，总之，忍辱负重的后面，必定要有一个光明的目标来支撑，有一个远大的前途在照耀，也有一个健康的人格在保障。一个人只有做到放下面子，忍辱负重才能使自己最终取得胜利。

兵法上说，不战在我。也就是说，一旦遇到形势于己不利的情况，战与不战的权力在自己手中，此时不能逞一时之勇，而应牢牢掌握战争的主动权。一个成功的英雄应能屈能伸，能刚能柔，要能够"卒然临之而不惊，无故加之而不怒"，这才是真正的英雄本色。

任何人的一生，无不跟屈与伸有着密切联系。

人要走路前进，就必须要依靠自己的双腿一屈一伸才能前进。拾取东西得弯腰伸手。吃饭得通过手的屈伸把食物送进口中。劳动工作更是由无数多个屈伸动作组合从而来完成的。这就是一个人生存与屈伸的关系。

人生中，一般都认为屈与伸代表着进与退，屈意味失意，伸则为得意，这只是从表面上去理解的。实际上，人生中的屈与伸远远不止这样简单。《后汉书·班固传》说："虽屈伸无常，所因时异。"也就是说，人生中的屈与伸是应该顺从时势与环境的变化，不可盲目胡来。

曾有两位名牌学府的高材生，一起到南方某经济特区打工。甲被安排搞统计，天天和报表打交道，所学的知识派不上用场。他感到太委屈，便跳槽到别的单位，结果连跳十多次槽，十年之后也未被重用。而乙进公司时也是统计员，他安心工作，十年后是这家公司的副总经理。同样是高材生，甲是弃屈图伸，结果一事无成。而乙则是以屈求伸，最终而获得成功。在如今的现实生活中，我们每个人都知道当今的高材生可谓比比皆是，用人单位不是先在屈中考验你的本事和品德，又如何敢一开始就重用使得让你伸呢？

人的一生是极为复杂的，屈与伸也是多方面的。在工作中受到领导批评，不妨先屈一屈，冷静下来找出差距和不足，及时改正，然后再图伸，切不可意气用事与领导顶撞或匆匆辞职，以免铸成大错。与朋友同事发生矛盾，也不妨先采取屈势退让，待矛盾化解后自会和好如初，蔺相如以屈待廉颇就是很好的例子。

人生箴言

面子就是人们的脸面，固然重要，但也要学会能屈能伸。古人有言：“大丈夫能屈能伸。”愿每个人都能够善待自己生命中的屈与伸，从而顺利到达成功的彼岸。